Yann Arthus-Bertrand · Von Katzen und Menschen

Titel des französischen Originals: Les Chats, erschienen bei Editions du Chêne,
79, bd Saint-Germain, F-75288 Paris Cedex 06
Die Übersetzung erfolgte durch Orith Tempelman

ISBN 3-275-01076-X

1. Auflage 1994

Satz: Franz X. Stückle, Druck und Verlag, D-77955 Ettenheim
Printed in Switzerland

Yann Arthus-Bertrand

Von Katzen und Menschen

Texte von Danièle Laruelle
Beratung von Sabine Paquin (Internationale Katzenrichterin)

Müller Rüschlikon Verlags AG, CH-6330 Cham / Zug

Es war einmal ... die Katze

«Ich bin keine Freundin
und ich bin keine Dienerin.
Ich bin die Katze
die ihre eigenen Wege geht,
und ich wünsche,
in Ihre Höhle einzutreten.»

So spricht die Katze aus Rudyard Kiplings Märchen zu der Höhlenmenschin, die dank ihrer Magie einige Waldtiere – Hund, Pferd und Kuh – in den Dienst des Menschen gestellt hat. Die Katze hat sich wohl gehütet, sich auf diese Weise verzaubern zu lassen; sie hat aus freien Stücken entschieden, einen Platz beim Feuer zu beanspruchen und wird diese Gunst von der Frau eher durch Verführungskunst als durch List erhalten, indem sie das Kleinkind zerstreut und die schreckliche Maus auffrißt. Dieses scheinbar banale Märchen, das für Kinder geschrieben wurde, erfaßt aber das Wesen der Katze in ihrer Realität und ihrer Mythologie. Der kleine, einschmeichelnde und sanft schnurrende Haustiger verwandelt sich in der Natur zurück zum gefährlichen Raubtier, ja zum sadistischen Killer, sogar wenn er gut genährt ist. Er bleibt «die Katze, die auf den nassen Pfaden der wilden Wälder wandelt, mit peitschendem Schwanz und ganz für sich allein». Es wurde auch schon vermutet, daß es eher die Katze war, die den Menschen gezähmt hat ... Oder zumindest den weiblichen Menschen, wie im Märchen, denn quer durch alle Zeiten und alle Kulturen findet sie sich immer im Zusammenhang mit der Weiblichkeit. Von der Frau zum Dämonen ist es nur ein kleiner Schritt, insbesondere nach dem berühmten Abenteuer der Schlange im Garten Eden. Kipling war sich dessen wohl bewußt, als er seine Höhlenfrau als freundliche Hexe erscheinen ließ und ihre Katze als die würdige Nachfolgerin Luzifers, des gefallenen Engels, dessen Stolz ihm nicht erlaubte, zu dienen. Dieser schlechte Umgang sollte der armen Katze im Abendland die schlimmsten Scherereien einbrocken. Verehrt, vergöttlicht, ja sogar einbalsamiert im Alten Ägypten der Pharaonen, von den Römern als Beschützerin des Heims und der Kindheit erkoren, wurde *Felis cattus* im Mittelalter verdammt und auf dem Scheiterhaufen der Hexen als Ritualopfer verbrannt oder, öfter noch, gefoltert. Dieser traurige Zustand dauerte an gewissen Orten bis zu Beginn des 19. Jahrhunderts, ohne jedoch dem stetigen Aufschwung «Ihrer Majestät», der Katze, Einhalt zu gebieten. Als Mäusejägerin und Rattenfängerin schützte sie die Getreidespeicher und Lebensmittelvorräte und leistete ihren Beitrag zum Rückgang der Pest. Ihre Anmut ließ sie bald zum Schmuckstück der Salons werden und trug ihr die Bewunderung von mächtigen Leuten ein, wie Richelieus, der für einiges Aufsehen sorgte, als er einen Teil seines Vermögens seinen vierzehn Katzen vermachte. Sie hielt auf Samtpfoten Einzug in die Literatur des

16. und 17. Jahrhunderts, wurde sie doch von gewissen Schriftstellern der Romantik gerade ihrer «schwarzen Seele» wegen, die zu ihrer mittelalterlichen Verdammung geführt hatte, adoptiert. So wurde sie auf ganz natürliche Art zur Lieblingsgefährtin der «Poètes maudits» («Verfemten Dichter»), bevor sie auch Einzug in die Bücher der übrigen Schreibzunft hielt und ihr Werk behütete, wie damals die geheimen Zauberbücher der Alchimisten.

Dieser kurze Blick auf die Abenteuer der Katze im Abendland zeigt die Ambivalenz der menschlichen Gefühle einem Tier gegenüber, das geheimnisvoll geblieben ist – und der Mensch mißtraut dem, was ihm unbegreiflich ist. Zwei Seiten, zu denen der Tiger des Londoner Zoos Paul Valéry inspirierte, erlauben uns, dem Kern der Sache etwas näher zu kommen: «Diese unergründliche Tierpersönlichkeit verleitet mich zum Träumen. Voller Naivität versuche ich, auf diesem noblen Antlitz menschliche Gefühle zu lesen. Mir gefällt der Ausdruck von verschlossener Überlegenheit, von Kraft und von Abwesenheit ... Welche Fülle, welche Ich-Bezogenheit, welche souveräne Isolierung! Alles, was seinen Wert ausmacht, ist mit ihm und in ihm. Dieses Wesen erinnert mich irgendwie an ein großes Imperium.» Dieselben Überlegungen könnten sich auch auf die Katze beziehen, diese entfernte und winzige Verwandte des großen Khans unter den Katzenartigen. Was aber den Tiger so herrlich hoheitsvoll macht, ist bei der Katze bloße Selbstherrlichkeit und fehlgeleiteter Stolz. Wegen ihrer geringen Größe ist sie nicht auf der Höhe ihrer Ambitionen, zumindest in den Augen des Menschen, der sich das Pferd und den Hund untertan gemacht hat. Für das Christentum, das zu Beginn des Mittelalters versucht, seine Eroberungen zu konsolidieren, wird das Reich der Katze bald dasjenige des Bösen. Und wenn sie in ihrem Wesen etwas Teuflisches birgt, wird sie, mit ihrer lautstarken Liebeswerbung und Lust am Gestreicheltwerden, wahrhaft dämonisch. Und dann waren da diese Frauen, die sich nachts Liebesabenteuern hingaben und angeblich in Katzengestalt zu den Hexensabbaten begaben, das heißt zu Sexualorgien. Wurden sie gefangen, verbrannte man diese Hexen zusammen mit irgend einer unschuldigen Katze. Verbrannt wurden aber auch jene anderen, weisen Frauen, die das Wissen um geheime Rezepte sowie unheimliche Kräfte besaßen, denen der Geruch des Heidentums anhaftete. Und zusammen mit ihnen immer die Katze, diese Gefährtin der Armen, die für ihre Bedürfnisse selber aufkommt. Durch diese spektakulären Aktionen sicherte die Kirche ihre Macht und stempelte die Katze zum Sündenbock.

Unter der Herrschaft Ludwig XV., der Perserkatzen liebte, hellte im 18. Jahrhundert die Aufklärung das dunkle Kapitel dieser blutigen Geschichte auf, dank François Augustin Paradis de Moncrif, einem dem König nahestehenden Edelmann und Katzenfreund. Seine *Histoire des Chats*, die erste Geschichte der Katze, aus dem Jahr 1727, brachte ihm Ruhm und den charmanten Übernamen «Mongriffe» (griffe = Kralle) ein. In jenem Jahrhundert, wo die Vernunft triumphierte, konnten feine Damen bei der bloßen Sicht eines Katers in Ohnmacht fallen, während andere gleichzeitig die Gesellschaft der Katze suchten, ihnen Verse widmeten, ihnen Grabmäler errichteten. In seiner *Histoire naturelle* zeichnete Buffon von der Katze ein verabscheuungswürdiges Bild, in dem die wissenschaftliche Objektivität ein für allemal verloren ging. Rund dreißig Jahre früher hatte Moncrif in entgegengesetzter Richtung übertrieben, und wenn einige Seiten seines Buches heute belächelt werden, lehrt es uns durch Gedichte, gescheite Zitate und Sprichwörter, daß die Katze längst überall in der Gesellschaft zu Hause ist, daß sie, auch wenn sie nicht nur Freunde hat, schon immer Vertrauenswürdige wie Montaigne oder Du Bellay zu ihnen zählen konnte. Und da fragt man sich, wie *Felis cattus* das Massaker überlebte, von dem uns immer wieder erzählt wird, als wollte man uns zwingen, einen Fehler zu sühnen. Die wahre Geschichte der Katze wartet noch immer darauf, geschrieben zu werden, und sie wird vermutlich genau so lautlos bleiben wie die Schritte ihrer Heldin auf dem Sand.

Die Katze mit ihren sprichwörtlichen neun Leben – eins mehr oder eins weniger, das spielt für sie keine große Rolle – ist gleichgültig gegenüber ihrer Vergangenheit und sorglos gegenüber ihrer Zukunft. Allen Verfolgungen zum Trotz hat sie sich vermehrt und mit Hilfe diskreter Freunde und Importe sogar diversifiziert. Ende des 19. Jahrhunderts rief sie eine solche Begeisterung hervor, daß man erste Katzenausstellungen durchzuführen begann. Verbände fingen an, Rassestandards aufzustellen, und bemühten sich, die einzelnen Rassen durch Zuchtauswahl zu stabilisieren. Damit begann die Epoche der Champion-Katze, einer Aristokratin, in deren Gesellschaft wir durch dieses Buch reisen werden. Durch Fotos und Texte wollen wir die verschiedenen Aspekte der Katze entdecken, ihre Beziehungen zum Menschen durch alle Zeiten und Orte, Legenden und Künste. Katzenporträts, Porträts von denen, die sie lieben. Was sich liebt, tut sich zusammen, und man muß selbst schon etwas Kätzisches haben, um sich in ihrer Gesellschaft wohlzufühlen. Und wenn Sie das Wesen der Katze erfassen wollen, tauchen Sie doch ins Herz des Buchs ein – und seien Sie auf einiges gefaßt ...

Kurzhaarkatzen

Korat

Die Korat stammt aus Thailand. Sie ist mittelgroß, hat einen gewölbten Rücken, der einen Eindruck von Kraft, jedoch nicht von Gewicht gibt. Der Schwanz und die Beine mit den ovalen Pfoten müssen dem Körper entsprechend proportioniert sein. Das glänzende und feine, dicht anliegende, einheitlich silberblaue Fell hat einen Silberschein, der von den Haarspitzen ausgeht. Nasenspiegel und Pfotenballen sind dunkelblau bis lavender. Von vorne gesehen ist der Kopf herzförmig. Die Erhöhungen der Augenbrauen ergeben die oberen Kurven der Herzform. Das Profil ist gut proportioniert mit leichtem Stopp zwischen Stirn und Nase. Die Nase ist weder zu lang noch zu kurz im Verhältnis zur Kopfform. Das gut entwickelte Kinn darf keinen Pinch (Eindruck von hohlen Wangen) aufweisen und auch nicht zugespitzt sein. Die großen Ohren mit leicht gerundeter Spitze und breitem Ansatz sind hoch gesetzt und auf der Außenseite sehr kurz und dicht behaart. Die runden, weit geöffneten Augen sind vorzugsweise leuchtend grün, aber bernsteinfarbene sind auch erlaubt.

1959 importierte eine amerikanische Züchterin, die aus Thailand ein Koratpärchen als Geschenk erhalten hatte, weitere Katzen, um im Westen eine Zucht aufzubauen. Dank ihrem Stammbaum kann die Abstammung der diversen Zuchtlinien bis zu ihrem Ursprungsland zurückverfolgt werden, wo die Existenz dieser angeblich glücksbringenden Katze in Manuskripten und alten Zeichnungen (von 1350 bis 1767) dokumentiert wird, die in der Bibliothek von Bangkok aufbewahrt werden. Es darf angenommen werden, daß diese Rasse praktisch rein bis zu uns gelangt ist, auch wenn die Beschreibungen, die zum Teil mehrere Jahrhunderte alt, manchmal äußerst fantasievoll und mit typisch orientalischer Poesie ausgeschmückt sind: «Die Haarwurzeln weisen die Farbe der Wolken auf, die Spitzen sind reines Silber und die Augen glitzern wie Tautropfen auf einem Lotusblatt.»

Die drei Korat Ejalma d'Osiris de Passaya of Yun Agor, Fyindee de Yun Agor d'Orfeny und Grawal 1. von Yun Agor d'Orfeny (OBEN) gehören Frau Claudine Dotte.

Russisch Blau

Die Russisch Blau ist mittelgroß, mit einem langgestreckten Körper und von graziösem Wuchs, mit hohen, feinen Beinen und schmalen ovalen Pfoten, langem eleganten Hals und einem ziemlich langen und spitz zulaufenden Schwanz. Sie unterscheidet sich außerdem von den anderen blauen Katzen durch ein doppeltes Fell mit einem deutlichen Silberschimmer. Das kurze und dichte, sehr feine, seidige und weiche Fell steht plüschartig auf, im Gegensatz zu dem der Korat, das anliegend sein muß. Der Kopf ist kurz und keilförmig, der Schädel lang und flach, die Nase gerade, das Profil formt einen leichten Winkel nach den Augen (konvex), der Schnittpunkt liegt in gleicher Höhe wie die Augenbrauen. Die Ohren sind groß und ziemlich zugespitzt; ihre Haut ist dünn und durchsichtig, ihre Innenseite ganz wenig behaart. Diese Katze mit dem schönen grünen Blick unterscheidet sich außerdem von der Korat durch die mandelförmigen Augen. Runde Augen gelten bei der Russisch Blau als schlimmer Fehler, so wie ein gedrungener Körperbau oder ein Siamesentyp. Man kennt sie auch unter der Bezeichnung «Archangel», «Spanisch-Blau» oder «Malteserkatze». Sie wurde in England Mitte des vergangenen Jahrhunderts von Seeleuten aus Rußland importiert, aber wie bei vielen anderen Katzen bleibt ihre genaue Herkunft im dunkeln, obwohl man heute vermutet, daß sie aus nördlichen Gegenden stammt. Während des Zweiten Weltkriegs starb die Rasse nahezu aus; um sie zu retten, kreuzten Züchter sie mit British Blues und Siamesen, was ihr fast zum Verhängnis wurde: Neben morphologischen Veränderungen wiesen die Nachkommen nicht mehr das charakteristische Doppelfell auf. In den 60er Jahren gelang es, dank vereinten Bemühungen, den Originaltyp wieder zu finden und zu fixieren. Unter den berühmten Vertretern dieser Rasse figuriert der hochnoble Vashka, Gefährte von Zar Nikolaus I. von Rußland (1825 – 1855).

Die Russisch Blauen Sascha de Nydow und Saskia de Nydow gehören Herrn und Frau Bernhard Mühlheim.

British Shorthair

Unsere Erziehung sollten wir uns auf der Gasse holen», schrieb Moncrif 1727 *in seiner* Histoire des Chats. *Im letzten Jahrhundert suchte und fand der Maler Harrison Weir seine Katzen auf den Gassen Ihrer britischen Majestät, um sie zu züchten und auszustellen. Dadurch wurde der gemeine Straßenkater unter dem Namen British Shorthair salonfähig. Diese stark kolonialistisch geprägte Bezeichnung bezeichnete damals aber alle kontinentalen Hauskatzen, was eine gewisse Verwirrung stiftete, bis gezielte Zuchtprogramme erlaubten, aufgrund der morphologischen Unterschiede für die British und die Europäische Kurzhaar präzise Standards aufzustellen. Heute noch bleibt die British Blue von ihren wenig aristokratischen Ahnen rustikal angehaucht. Es handelt sich um eine mittelgroße, gedrungene und muskulöse Katze mit breiten Schultern, kurzen stämmigen Beinen, einer breiten und abgerundeten Brust. Der relativ kurze, an der Basis breite Schwanz ist so lang wie zwei Drittel des Körpers. Der nicht zu kurze Kopf und die Schnauze sind rund. Die ebenfalls runden Augen sind immer orangefarben, goldgelb oder kupferfarben mit breitem Abstand und unterstreichen die Breite der Nase, die eine leichte Einbuchtung aufweist; die Stirn sieht, wegen des sehr dichten Fells, gewölbt aus. Die Ohren sind ebenfalls abgerundet, ziemlich klein und breit an der Basis. Das kurze und dichte Fell lädt zum Streicheln ein. Mit ihrem schönen, naiven Gesicht scheint die British Blue direkt einem Bilderbuch entstiegen; sie gleicht einem lebendigen Plüschtier.*

Vincent van Lady's Home, Whoopy van Lady's Home und Grisella van Kievietsdel, British Shorthair blau. Sie gehören Els. H. Franssen van der Meer.

Die Katze wird ausgestellt

Ihrer Zeit weit voraus, stellten die Engländer bereits 1598 Katzen auf einem Jahrmarkt aus, und drei Jahrhunderte später waren es wieder sie, die die Katzenausstellungen erfanden, wie wir sie heute noch kennen. Die erste fand 1871 im Londoner Crystal Palace statt und war das Verdienst des großen Katzenfreundes Harrison Weir, der bei dieser Gelegenheit auch die ersten Standards aufstellte. Der Anlaß wurde zum Großerfolg und wurde bald in den englischen Provinzen und später auf dem Kontinent kopiert. In Paris fand die erste Katzenausstellung 1896 statt. Die Engländer behielten jedoch die Nase vorn: Bereits 1887 gründeten sie den National Cat Club, den ersten Katzenverein überhaupt. 1913 folgten Frankreich und Belgien mit einem gemeinsamen Katzenklub, und ähnliche Vereine wurden danach überall in Europa und Übersee gegründet. Die ausstellungsfähige Rassekatze war geboren, und mit ihr die Felinotechnie, die Wissenschaft der Katzenzucht, der wir Gestalten und Farben unserer Ausstellungskatzen verdanken.

Avram Van Diaspora,
British Shorthair lilac.
Er gehört Frau Béatrice Passin.

Die philosophische Katze

Gefährtin der einsamen Denker, im geheimnisvollen Kabinett der Alchimisten, in den Einsiedlerzellen und auf den Schreibtischen der Dichter und Schriftsteller – die Katze erscheint seit jeher im Zusammenhang mit der Meditation, die sie durch ihre undurchsichtige und beharrliche Gegenwart spontan heraufbeschwört. Für Théophile Gautier war sie ein philosophisches Biest, für Pierre Loti eher beschaulich und geheimnisvoll; letzteren inspirierte sie zu folgenden metaphysischen Überlegungen: «In unserer totalen Ignoranz, unserem Unvermögen zu verstehen, welche Verwunderung – oder vielleicht welch ein Schrecken – wäre es, durch die seltsamen Fenster der Augen bis zum unbekannten kleinen Gehirn, das sich dahinter verbirgt, vorzudringen. (...) Sind diese vertrauten Tiere sehr minderwertig und weit entfernt von uns oder unglaublich verwandt? Ist der Schleier der Dunkelheit, der ihnen Grund und Ziel der Existenzen verbirgt, viel dichter als unserer? ... Aber nein, niemals wird es irgendeinem unter uns gegeben sein, in diesen kleinen, einschmeichelnden Köpfen, die sich so gerne streicheln, halten und von unseren Händen einschließen lassen, zu lesen und zu verstehen ...»
Dieses Mysterium, mit dem wir die Katze gerne umhüllen, ist vielleicht nur die Projektion der menschlichen Fragen in bezug auf das Schicksal, der Blick der Sphinx, der auf uns ruht wie eine Frage, nur ein Abbild unserer Ängste. Und das Tier, das man zum Schluß unweigerlich streichelt, ist vielleicht nur da, um uns durch seine Wärme zu beruhigen und uns durch seine offensichtliche Lust zur Süße des Lebens zurückzuführen.

Oben. *Gimini Silver du Rio d'Erclin, British Shorthair silver tabby blotched, von Herrn und Frau Georges Vallez.*

Rechts. *Aldo de la Chezine, British Shorthair crème, von Herrn und Frau André Martaud.*

Selkirk Rex

Guten Tag – ich bin die Selkirk Rex. Man nennt mich auch das «Lämmchen», obwohl ich den Namen einer Kaninchenart trage. Manchmal hüpfe ich auch wie ein Kaninchen. Was dieser pflanzenfressende Rex einerseits und ich und meine Vettern aus Cornwall und Devon andererseits gemeinsam haben, ist das lockige Fell – zweifellos eine Seltenheit. Ansonsten gleichen wir einander kaum. Meine englischen Cousins und ich haben jedoch etwas Gemeinsames: wir traten gleichzeitig in Würfen normaler Kätzchen auf, als spontane Mutationen. Die Züchter fanden uns so hübsch, daß sie beschlossen, «die Rasse festzulegen». Ich bin die Letztgeborene der Rex. Meine Urahnin, Miß Pesto, Tochter einer banalen amerikanischen Mutter und eines unbekannten Vaters, kam 1987 in Wyoming zur Welt. Sie wurde von einer Mrs. Newman adoptiert, einer Perserzüchterin aus Montana, und pflegte ab sofort anderen Umgang. Ihr erster Gatte, ein schwarzer Perser mit Namen Photo Finish, schenkte ihr drei neue, gelockte Kätzchen. Unser spezifisches Gen war demnach dominant, da ein einziger Selkirk-Elternteil genügte, um gelockte Nachkommen hervorzubringen. Ich bin sehr stolz auf meine Ahnen, denen ich mein kräftiges und so anmutig gerundetes Aussehen verdanke. Ich bin aber noch stolzer darauf, daß ich drei Haararten besitze, die alle gelockt sind, wie meine Augenbrauen und meine Schnauzhaare.

*Halvane du Parc (*VORGÄNGIGE DOPPELSEITE*) Selkirk Rex weiß und Happy-Jolly du Parc (*OBEN UND RECHTS*), Selkirk Rex red self, von Herrn und Frau Jacques Courdille.*

Ein liebenswürdiges Teufelchen

Die Katze bei ihrer Intimwäsche hat quer durch Zeiten und Orte die Künstler fasziniert und ihre extreme Sauberkeit ist in den mittelalterlichen *Stundenbüchern* und den berühmten japanischen Stichen abgebildet worden. In dieser eigenartigen Stellung ist sie jedoch nie verteufelt worden. Das schamlose Tier, von hinten gesehen und mit hoch erhobenem Schwanz, wurde von Manet für den Umschlag eines Werks von Champfleury über Katzen verewigt, aber in alten Zeiten, als Katzen noch mit der Hexerei in Verbindung gebracht wurden, genossen sie einen weit schlechteren Ruf. Der Dämon wurde als riesige schwarze Katze dargestellt, die an den Hexensabbaten vor den Hexen erschien; sie mußten dann seinen Hintern küssen. Welche Einbildungskraft, welcher Wahnsinn, könnte man sagen angesichts des Bildnisses einer so süßen kleinen Rex. Mit einem eher verängstigten als beängstigenden Ausdruck und sanften, zärtlichen und tadellosen Sitten kann man es nicht als Teufel sehen.

Jewel Tiffany Van Zechique, Devon Rex red shaded cameo, von Frau Marijke Wijers.

DEVON REX

Die Devon Rex ist eine grazile Katze mit festem und muskulösem Körperbau, langen und feinen Beinen, einem schlanken und zugespitzten Schwanz. Der elegant verlängerte Hals trägt einen kleinen, keilförmigen Kopf mit vorstehenden Backenknochen, einem betonten Kinn und einer kurzen Schnauze mit gutem Break. Die Stirn wölbt sich zu einem flachen Schädel mit einem deutlichen Stopp vor der kurzen Nase. Die sehr tief angesetzten Ohren sind riesengroß und verleihen der Katze ein elfenhaftes Aussehen. Die großen, ovalen Augen stehen leicht schräg. Wie alle Rex ist die Devon gelockt oder gewellt.
Die erste dieser Rex wurde 1960 in der Nähe eines verlassenen Bergwerks im Devonshire gefunden. Es war ein Kater, der zusammen mit einer dreifarbigen Katze einen kleinen, kraushaarigen Kater zeugte, der Kirlee – phonetisch für «curly», d.h. gelockt – genannt wurde. Seine menschlichen Adoptiveltern, die von der Existenz der Cornish Rex wußten, versuchten verschiedene Paarungen zwischen diesen beiden Arten. Leider hatten die daraus entstandenen Kätzchen deprimierend gerades Haar, und man mußte zur Inzucht greifen, um die neue Rasse zu stabilisieren.

Honey Bee Van Zechique, Devon Rex white (OBEN) und Honesty Van Zechique, Devon Rex tortie tabby (RECHTS), von Frau Marijke Wijers.

CORNISH REX

Die erste aller Rex wurde am 21. Juli 1950 in Cornwall geboren, als kleiner, lockenhaariger Mutant inmitten eines Wurfs gewöhnlicher Kätzchen der Mutterkatze Serena, die ihrerseits keine Besonderheit aufwies. Die Besitzerin von Serena, die gelockte Altrex-Kaninchen züchtete, war natürlich entzückt vom Aussehen des eigenartigen Kätzchens. Man riet ihr, das Katerchen mit seiner Mutter zu paaren, um weitere gelockte Kätzchen zu erhalten. Zwei Jahre später gebar Serena ein gewöhnliches Weibchen und zwei gelockte Katerchen. Die Anfänge dieser Rassenzucht gestalteten sich schwierig, da eines der Kätzchen verschwand und das andere als erwachsener Kater Tests unterzogen wurde, die ihn unfruchtbar machten. Er hatte zum Glück bereits für Nachwuchs gesorgt, und man bemühte sich, das mutierte Gen durch verschiedene Kreuzungen mit Burmesen und mit British Shorthair weiter zu vererben und gleichzeitig die Farben zu vermehren, einen Typ festzulegen und Inzucht zu vermeiden. Die neue Katze erhielt den Namen «Cornish», weil sie in Cornwall aufgetaucht war, und «Rex» wegen des gelockten Kaninchens ...
Das Fell der Cornish Rex ist kurz, dicht, ein bißchen plüschartig, gelockt oder gewellt. Das gänzliche Fehlen von Grannenhaaren unterscheidet diese Katze von der Devon Rex. Schnurrhaare und Augenbrauen sind ebenfalls gekräuselt und von guter Länge. Der mittelgroße Körper, feiner als bei der Devon Rex, ist sehr muskulös. Die langen und schlanken Beine und der dünne und zugespitzte Schwanz verleihen dieser Katze eine windhundartige Eleganz, die von den amerikanischen Züchtern durch Kreuzungen mit Siamesen und Orientalen noch verstärkt wurde. Im Profil bildet der Kopf eine gerade Linie von Stirnmitte bis Nasenspitze; der Schädel ist flach, die mandelförmigen Augen sind weit offen und leicht schräg eingesetzt. Ihre Farbe muß derjenigen des Fells angepaßt sein. Die Ohren sind groß, hoch angesetzt, breit am Ansatz, an den Spitzen abgerundet und mit feinsten Härchen besetzt, aber ohne «ear muffles», d. h. behaarte Hautfalten am hinteren Ohrenansatz, wie sie die Devon Rex hat.

OBEN. *Héloïse de Cléomont, Cornish Rex black smoke und weiß, von Herrn Jean-Pierre Filippi.*

LINKS. *Carlozio's Raphael Gold, Devon Rex chocolate Tonkinese, von Frau Anna Maria Quintela.*

VON KATZEN UND MENSCHEN

Welcher Teufel drängt uns dazu, ein Tier zu lieben, dessen Launen uns oft das Leben sauer machen, das uns nichts zu bieten hat als seine Gegenwart und sein Fell, das uns seit langem von keinem Nutzen mehr ist, im Austausch gegen unsere Liebkosungen? «Die Aufständischen, die Rebellen, die Eigenbrötler, die Einzelgänger, die Isolierten, die Eingesperrten, die Entfesselten lieben Katzen», schrieb der Maler Léonor Fini. Vielleicht bewundern wir in ihnen diese Unabhängigkeit des Geistes, die sie jegliche Unterwürfigkeit ablehnen läßt, die sie zum Ungehorsam verleitet, und zwar nicht aus Mangel aus Disziplin – denn die Katze gehorcht, wenn es ihr gerade paßt –, sondern um eine Art geistiges Territorium zu markieren, indem sie uns die Grenzen unseres Einflusses aufzeigt. Vielleicht beneiden wir sie aber auch um ihre Eleganz und die Vollkommenheit ihrer Körperform, ihren überlegenen Sinn für Faulheit, ihre Lust auf den Augenblick, ihren hemmungslosen Narzißmus – alles Eigenschaften, die, wiewohl sie nicht kriminell sind, in unserer Gesellschaft kaum in dieser Intensität ausgelebt werden können. Im Grunde genommen ist «die Katze an unserer Seite die warme, pelzige, schnurrbärtige und schnurrende Erinnerung an ein verlorenes Paradies» – immer nach Léonor Fini, der die Gegner der kleinen Katze in dunklen Farben malt: «Sie treten für eine bestimmte Ordnung ein, einen gefährdeten Eigentumsinstinkt oder eine Schwäche, sich allzu stark an Gegenstände zu binden (‹meine Vorhänge, mein Polsterstuhl, mein Kotelett . . .›). Die Arroganten, die Neider, die Pedanten, die Empfindlichen, die Sparsamen lieben Katzen nicht. Die niederträchtigen Wesen bezichtigen sie aller ihrer eigenen Sünden oder nehmen ihr ihre Schönheit übel.»

Gaston, Framboise du Pen Cuckoo (OBEN) *und Hela d'Aba, Cornish Rex, von Herrn und Frau Laurent Maillet.*

EUROPÄISCH KURZHAAR

Hier ist die Katze, die ihretwegen geliebt wird, die sanfte Hauskatze des Alltags, die Stadt- und Feldkatze, die in ihrer Herrlichkeit banale Katze: die Europäerin. Sie ist die älteste unserer Katzen, da sie mit den römischen Legionen nach Gallien kam, aber als Rassekatze wurde sie erst 1983 an den Wettkämpfen zugelassen. Sie hat viel zu unserem literarischen und volkstümlichen Erbe beigetragen; sie ist äußerst nützlich gewesen und hat sogar ihr Leben in den Händen der Fellhändler oder auf dem Scheiterhaufen der Hexen gelassen. Wie können wir weiterhin dieses Tier ignorieren, das durch seine bloße Gegenwart die berühmten Rassen mit exotischerer Herkunft verhöhnt? Man hob fortan diese Unterschiede hervor.

Die Europäisch Kurzhaar ist mittelgroß und entspricht einer durchschnittlichen europäischen Hauskatze, die sich natürlich, d. h. ohne bewußte Zuchtrichtung, entwickelt hat. Bei ihr gilt ein allzu schlanker, siamesenartiger Körper als schlimmer Fehler, ebenso ein allzu gedrungener Körper wie beim britischen Typ oder beim Exoten. Sie ist mittelgroß bis groß, nicht cobby, robust, stark und muskulös, mit starken, kräftigen mittellangen Beinen und einem runden und gut entwickelten Brustkorb. Ihr Kopf ist ziemlich groß und gerundet, ihre Nase ist gerade, mittellang und gleich breit in der ganzen Länge. Der Ansatz an der Stirn muß deutlich erkennbar sein, aber keinesfalls einen Stopp bilden wie bei ihren Verwandten der Britischen Inseln, die auch kleinere Ohren haben. Ihre Augen sind rund und offen, weit auseinander und leicht schräg gestellt, leuchtend grün, gelb oder orange, ja sogar blau oder ungleich bei der weißen Varietät. Ihr kurzes und dichtes, festes und glänzendes Fell ist nicht so glatt wie bei den Orientalen oder flaumig wie bei der British Kurzhaar. Ein Original, sie? Sie scherzen wohl ...

Glaçon, Europäisch Kurzhaar weiß, von Frau Monique Barbotte.

Die Herkunft der Gattung

Im 18. Jahrhundert schrieb Buffon: «Die Wildkatze und die Hauskatze paaren sich erfolgreich, folglich sind beide eine einzige Spezies.» Seinerseits stellte Linné 1746 die Hypothese auf, unser *Felis Cattus* sei exotischer Herkunft, ohne jedoch die europäische Wildkatze studiert zu haben, die in Skandinavien unbekannt war. Über dieses heikle Problem der Herkunft der Katze war bereits viel geschrieben worden, da Gaston Phébus schon im 14. Jahrhundert die Meinung Albert des Großen widerlegte und sich dazu auf wichtige morphologische Unterschiede zwischen der Wildkatze und der Hauskatze stützte. Der in Holland lebende Conrad Jacob Temminck steuerte 1827 die Forschung in Richtung Ägyptens, der Heimat der behandschuhten Katze oder *Felis Libyca*. Dank kürzlich durchgeführten Untersuchungen von Katzenmumien konnte bewiesen werden, daß diese Intuition richtig war. Außerdem weiß man heute, daß es sehr schwierig ist, eine Hauskatze mit einer Wildkatze zu paaren, und daß, wenn es gelingt, die Nachkommen entweder sterben oder steril bleiben. Im Gegensatz zur behandschuhten Katze aus Ägypten kann unsere Wildkatze außerdem nicht gezähmt werden, und in Gefangenschaft pflanzt sie sich nur schwer fort.

Danube, Europäisch spotted blau, von Frau Daniela Goll.

Die Reisen der Katze

Die Hauskatze stammt aus dem Alten Ägypten, wo sie als heilig galt, wo man sich die Augenbrauen rasierte, wenn man um sie trauerte, und wo ihre Mörder mit der Todesstrafe zu rechnen hatten. Seit der Antike hat sie sich überall verbreitet, findet man doch ihre Spuren in Kreta, Griechenland und in Sizilien bereits mehrere Jahrhunderte vor unserer Zeitrechnung. Zweifellos war sie für die phönizischen Händler begehrte Schmuggelware. Die Römer hatten sie adoptiert, und Ende des 5. Jahrhunderts hatte sie sich in ihrem gesamten Reich niedergelassen. Allerdings bewiesen Ausgrabungen, daß in Gallien und in Großbritannien bereits vor der römischen Eroberung Katzen lebten. In indischen Gesetzen aus dem 12. Jahrhundert vor unserer Zeitrechnung wird die Katze erwähnt. Man findet die Katze seit dem 6. Jahrhundert ebenfalls in Japan, wo sie aus China importiert wurde. Die reisende Katze kam erst spät nach Amerika, um im 18. Jahrhundert den schwarzen Ratten der Neuen Welt den Garaus zu machen.

Oben. *Zazie, Europäisch Kurzhaar schwarz-weiß bicolor, von Claude Paul und Marcel Godenir.*

Rechts. *Fugue du Val aux Biches, Europäisch Kurzhaar brown tabby blotched, von Frau Jacqueline Monnet.*

Der Name der Katze

Minet Maousse de la Minaudière du Grand Miaou heißt, in der Intimität des Hauses, auch Mimi, Minouche, Moumousse, Mamousset, le Minou oder ganz einfach Katze. Sie weiß dabei immer, daß sie gemeint ist.

In einem Kinderbuch, das vollständig der Katze gewidmet ist, erwähnt der amerikanische Dichter T. S. Eliot voller Humor das schwierige Problem der Namensgebung. So erfahren wir, daß das Tier drei Namen haben muß – einen gewöhnlichen für den Alltag, einen weiteren «persönlicheren, majestätischeren, ohne den sie den Schwanz nicht hochheben könnte», und schließlich einen dritten, geheimen Namen, einen «geheimnisvollen, tiefgründigen und einmaligen Namen – ihren Namen», über den die Katze in der Sonne meditiert.

Elodie des Mézières, Europäisch Kurzhaar golden tabby blotched, und ihr Wurf, von Fräulein Suzanne Piqué.

Die sarkastische Sphynx

Ich gefalle Ihnen nicht? Sie finden mich unanständig nackt? Bin ich nackter als Sie? Woher ich komme? Das werde ich Ihnen nicht verraten. Das ist zu kompliziert und kaum zu verstehen. Außerdem – wenn ich mich nicht täusche, nennt man mich die Sphynx: Hier stelle *ich* die Fragen. Und wenn es mir gefällt, gebe ich auch die Antworten darauf, weil ich eine Katze bin, das heißt widersprüchlich und widerspenstig.
Meine Haut wird durch kaum sichtbaren, feinsten Flaum bedeckt, und sie ist so zart wie Wildleder. Sind es vielleicht meine Falten, die Sie abstoßen, meine allzu auffallende Muskulatur, gepaart mit einer gewissen Plumpheit? Na gut, ich bin kein Windhund, sondern eher eine kahlgeschorene Devon Rex, aber mit dem gewissen Touch eines Mutanten. Übrigens, alle jene Rex sind unerfahrene Mutanten. Ich hingegen bin eine alte Mutantin. Ich habe Ahnen auf präkolumbianischen Stichen; Wissenschaftler haben mich 1830 in Paraguay und 1900 in Mexiko gesehen, und da man mich heute ernsthaft züchtet, wird man sich wohl mit mir abfinden müssen.

Phalaenopsis Georgette à Poil!, Sphynx brown tortie tabby und weiß, von Patrick Challain und Guy André Pantigny.

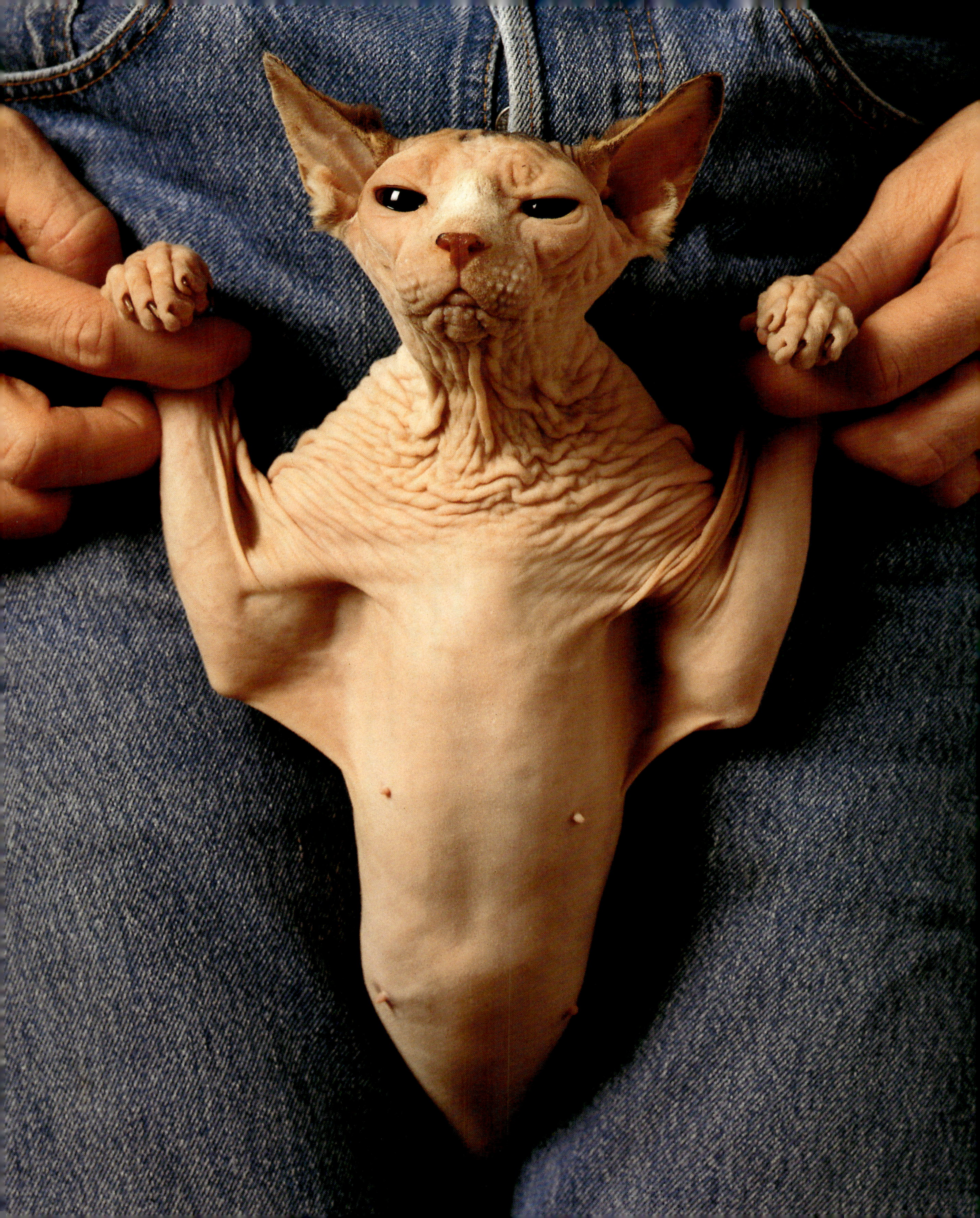

JAPANESE BOBTAIL

Die schlanke und muskulöse Japanese Bobtail mit der abgerundeten Schnauze und dem dreieckigen Kopf verdankt ihren Namen ihrem kurzen, quastenförmigen Schwanz. Ihre hohen Bakkenknochen und ihre schräg eingesetzten Augen scheinen ihre asiatische Herkunft, die bis auf das 7. Jahrhundert zurückreicht, zu bestätigen. Wenn sie steht, sind ihre längeren Hinterbeine angewinkelt, wenn sie sitzt, neigt sie dazu, eine Vorderpfote zu heben – eine Geste, die zahlreiche japanische Statuetten, «Maneki-neko» (die Katze, die grüßt) genannt, verewigt haben. Es heißt, sie brächten Reichtum, wenn sie die linke Pfote heben, und Glück, wenn sie die rechte Pfote heben ... Das lebende Tier vertreibt, wenn es dreifarbig ist, die bösen Geister.

Passetis Chase (OBEN), *Izumo von der Baderstadt* (LINKS), *Ioko-Omo von der Baderstadt* (RECHTS), *Japanese Bobtails, von Herrn Rolf Voehringer.*

Made in USA!

Unsere Vorläuferin ist eine American Shorthair, eine Emigrantin, die in den Planwagen der Pioniere nach Westen zog. Durch ihre Morphologie ihren europäischen Verwandten sehr nahestehend, hat sie rauheres Haar, vermutlich in Erinnerung an ihr abenteuerliches Leben, und natürlich ist sie, wie alles in Amerika, eine Nummer größer.
Wir sind die American Curls mit den gelockten Ohren, entstanden aus einer spontanen Mutation anfangs der 80er Jahre. Da noch so neu, ist unser Typus noch etwas unklar, abgesehen von unseren Ohren, die an der Basis breit, gut gekrümmt und im Idealfall halbmondförmig sind. Unser Fell kann kurz, dicht und anliegend sein, oder halblang, flach und seidig, ohne Unterwolle oder Halskrause. Ansonsten sind wir mittelgroß, mehr oder weniger langgestreckt, und beide Schläge haben ihre Anhänger. Unser Kopf ist länger als breit, hat eine gerade Nase, die in sanfter Kurve und ohne Stopp auf die Stirn übergeht. Unsere Augen sind breit, gut auseinanderstehend, mandelförmig und farblich dem Fell angepaßt, das alle Farben aufweisen darf.

VORGÄNGIGE DOPPELSEITE. *Miribu's Bustopher Jones of Phalaenopsis, American Shorthair brown blotched tabby, von Herrn Guy André Pantigny.*

OBEN. *Hollywood Chewing Gum de Cour Saint-Eloi, American Curl rot-weiß, von Fräulein Florence Prescott.*

RECHTS. *Harmonie d'un soir des Fleurs du Mal, American Curl, von Herrn Christian Doublet.*

BURMA

Die elegante Silhouette der Burma unterscheidet sie sowohl von der schlankeren Orientalen als auch vom gedrungeneren Europäer. Sie hat einen mittelgroßen, kräftigen und muskulösen Körper, eine kräftige und im Profil gerundete Brust und einen vollkommen geraden Rücken. Die verhältnismäßig feinen Beine sind gut proportioniert, die Füße zierlich und von ovaler Form. Der oben leicht gerundete Kopf hat die Form eines kurzen, stumpfen Keils; die Wangen sind voll, insbesondere beim Kater. Die Ohren, von mittlerer Größe, weit auseinandergesetzt auf dem Schädel, sind breit, im Ansatz mit gerundeten Spitzen und leicht nach vorne geneigt. Die Nase soll im Ansatz eine leichte Einbuchtung zeigen; der Kiefer soll breit sein und im Profil muß das Kinn einen kräftigen Unterkiefer zeigen. Die Augen sollen weit auseinandergesetzt sein, groß, wobei die obere Augenlinie nach orientalischer Art zur Nase verläuft, während die untere Augenlinie gerundet ist. Sie können alle Schattierungen von Gelb bis zu bernsteinfarbig haben; erwünscht ist goldenes Gelb. Das Fell ist kurz und fein, von satinierter Textur, sehr glänzend und fast ohne Unterwolle. Alle Farben sollen ohne jegliche Streifen oder Musterung sein, aber bei einigen Varietäten ist der Unterkörper ein wenig heller als der Rücken und die Beine.

Alle Burma stammen von der Kätzin Wong Mau ab, die 1930 aus Rangoon in die Vereinigten Staaten gebracht wurde. Sie wurde erstmals mit dem seal point Siamkater Tai Mau gepaart und warf Kätzchen vom Siamesentyp und solche, die ihr glichen. Durch Paarungen der kleinen Nicht-Siamesen untereinander und mit ihrer Mutter gelang es, die Rasse zu fixieren, die in den Vereinigten Staaten ab 1936 offiziell anerkannt wurde. Diese frühe Homologierung mußte in den 40er Jahren aufgehoben werden, da die Siam-Merkmale langsam die Überhand genommen hatten und die Eigenschaften der Ursprungsrasse auszumerzen drohten. Während die Amerikaner ihre Zuchtwahl wieder aufnahmen, entwickelten die Engländer, die 1947 ebenfalls Burmas importiert hatten, ihr eigenes Zuchtprogramm, die Rasse wurde 1952 anerkannt. Im folgenden Jahr wurde auch die amerikanische Burma wieder homologisiert, diesmal endgültig. Heute unterscheidet sich der amerikanische Typ vom englischen durch einen robusteren und weniger orientalischen Körperbau.

OBEN. *Portée de Eesara cha Iro No Ran, Burma mink, von Frau Béatrice Wood.*

RECHTS. *Houdette de Treuzy, genannt Elisa, Burma chocolate, von Herrn Sébastien Bonutti.*

Tonkinese

Nur die weiten Vorfahren der Tonkinesen stammen aus dem Orient; er selbst ist in Amerika aus Kreuzungen zwischen Burma und Siamkatze entstanden. In Kanada ist er erst 1974 (nach anderen Angaben 1960) anerkannt worden, in den USA in den 80er Jahren, aber bei uns in Europa wartet er noch auf die offizielle Anerkennung; von unabhängigen Clubs wird er bereits anerkannt. Tonkinesen sehen aus wie eine perfekte Synthese ihrer beiden Erzeuger: etwas feiner als die Burma, die zur Zeit zum robusteren amerikanischen Typ hin tendiert, sind sie schwerer als die langgestreckte Siamkatze. Die Grundfarben sind dieselben wie bei der Burma, aber sie tragen auch die markanten Abzeichen der Siamesen. Ihre aquamarin- oder türkisblauen Augen verleihen ihnen ihren ganz besonderen Charme. Ihr Kopf ist weniger rund als der der Burma, aber weniger dreieckig als bei unserer modernen Siamkatze. Diese genetische Hybride ist also eine Rückkehr zu einer vergangenen Ästhetik, und dies sollte die Nostalgiker der ursprünglichen englischen Burma und der damaligen rundlichen Siamkatze erfreuen.

Oben. *Hug Cha Iro No Ran, genannt Duchesse, Tonkinese natural mink, von Frau Jocelyne Majus.*

Burmilla

Wie der Tonkinese ist die Burmilla zum Teil eine Burma, aber ihr Auftreten verdankt sie nicht züchterischen Bemühungen, sondern einer zufälligen Liebesheirat zwischen einer lilac Burma und einem Chinchillaperser, beide im Besitz der Baronin Miranda von Kirchberg. Wenn man weiß, wie wichtig den Liebhabern von Rassekatzen die Rassenreinheit ist, kann man sich lebhaft vorstellen, wie wenig begeistert jene Dame von dieser nicht ganz legalen Verbindung gewesen sein muß. 1981 in Großbritannien geboren, machten diese Kätzchen den Fehltritt ihrer Eltern wieder wett: sie waren absolut unwiderstehlich und wurden sogleich die Gründer einer authentischen neuen Rasse.

Von der Burma hat die Burmilla die elegante Linie, die schlanken Beine, die mandelförmigen Augen und die allgemeine Kopfform. Vom Chinchilla hat sie die geschminkten Lippen, Nase und Augen – die bei ihr immer schön grün sind – sowie das charakteristische «Tipping», das ihrem Fell Glanzlichter aufsetzt. Ihr üppiges Fell ist flach anliegend und länger als bei der Burma. Die gefärbten Haarspitzen können alle Farben der Burma aufweisen (Sable, Chocolate, Sepia, Blau, Lilac, Rot, Crème) sowie das Schwarz der Chinchillas auf einer silbrigen oder goldenen Grundfarbe.

Vorausgehende Seite, oben und rechts. *Thamakan Silver Jeannet, Burmilla silver, von Frau Anna Maria Quintela.*

Von Katzen und Spielen

In seiner *Histoire des Chats* beschreibt Moncrif ihre «natürliche Fröhlichkeit», ihr lebhaftes Wesen, das wir so gern haben, und mutet ihnen sogar Geist zu, im Sinne dessen, was man im Zeitalter der Aufklärung darunter verstand: «Mit einer Katze hat man eine amüsante Freundin, deren Zuneigung nichts Willkürliches aufweist. Alle Zeit, die sie uns widmet, sind Augenblicke geopferter Freiheit, und sie grenzt weder ihren Aufenthalt noch ihre Zuneigungen ein. Und wenn man – mit Verlaub – ihre Gefühle analysiert, welche Hoheit findet man! Nichts erstaunt sie; nichts imponiert ihr; alles, was sich rührt, wird für sie zum Spielzeug. Sie glaubt, daß die Natur sich einzig und allein um ihre Zerstreuung kümmert; sie stellt sich keinen anderen Grund für die Bewegung vor; und wenn wir uns in ihr Spiel einmischen, scheint es nicht so, daß sie in uns bloß Pantomimen sieht, dessen Aktionen reine Clownerien sind? So spielt man sich beiderseits eine Komödie vor; und wir amüsieren, wenn wir glauben, nur selbst amüsiert zu sein.» Doch die Erfahrung zeigt, daß das Tier nicht immer in Spiellaune ist!

Die Bombay, der zärtliche Panther

Die Bombay ist eine relativ neu geschaffene Rasse. Sie ergab sich aus der Kreuzung einer Birma mit einer schwarzen Amerikanisch Kurzhaar. Ihr glänzendes, kurzes und gut anliegendes Fell sollte einheitlich schwarz sein, wie auch ihre Haut, ihre Nase und ihre Pfotenballen. Ihre runden, weit auseinanderstehenden Augen sind golden oder, besser noch, leuchtend kupferfarben. Kopf und Schnauze sind rund, die Wangen voll, die Ohren mittelgroß, breit an der Basis und wie bei der Burma leicht nach vorne geneigt. Die relativ kurze Nase weist einen mittelmäßigen Stopp auf.
Die Rasse wurde in den Vereinigten Staaten 1976 offiziell anerkannt und gilt heute als fixiert, obwohl Paarungen zwischen Bombay und Burma heute noch erlaubt sind. Der Miniaturpanther, der seinen exotischen Namen seinem gefährlichen Vetter aus Indien verdankt, diese Katze mit dem sanften und liebenswürdigen Wesen, scheint nur auf der Welt zu sein, um die schrecklichen Legenden zu widerlegen, die der Mensch seit Unzeiten über die angeblich unheilbringende schwarze Katze verbreitet.

Fejuko's Jeanette Isabella, Bombay, von Herrn Michel Le Hir.

Ägyptische Mau

In Ägypten, dem Ursprungsland dieser Rasse mit dem feingetupften Fell und den charakteristischen stachelbeergrünen Augen, bedeutet «Mau» einfach «Katze». Die Mau hat einen ähnlichen Körperbau wie die Abessinier; ihr geschmeidiger und kraftvoller Körper soll weder zu schwerfällig noch allzu langgestreckt sein. Der Kopf ist ein gerundeter Keil, die Nase ist kurz und die mittelgroßen Ohren sind auf dem Innenrand befedert. Auf der Stirn hat sie eine skarabäusähnliche Zeichnung oder ein «M», die Augen werden durch feine Linien verlängert, die ihr ein geschminktes Aussehen verleihen. Der Schwanz ist geringt, und um den Hals trägt sie eine offene Halskette. Auf den Hinterpfoten befinden sich Streifen, die meist unvollständige Ringe bilden. Das feine und seidige, gut anliegende Haar soll ein zweifaches «Ticking» aufweisen. Die ersten authentischen Maus sollen in den 50er Jahren in Italien erschienen sein, bevor sie von ihrem Besitzer nach den Vereinigten Staaten mitgenommen wurden, wo die Rasse 1978 anerkannt wurde. In der Zwischenzeit wünschten die Engländer ebenfalls, Maus zu züchten, stießen aber wegen der Quarantänebestimmungen auf Schwierigkeiten. So versuchten sie das, indem sie verschiedene getigerte Abessinier und Siamesen verwendeten, aber diese Mischlinge glichen der Mau überhaupt nicht, sondern ergaben den Oriental Spotted Tabby.

Charakter

Als Zeichen von Zuneigung und Zutrauen zeigt diese Pfote, die die Katze fest auf die Hand der Person legt, die man als ihre Meisterin bezeichnet, einen Hauch von Überlegenheit. Wer ist eigentlich der Herr im Haus? Niemand weiß das so genau. Spezialisten lehren uns anhand von Beweismaterial, daß die Hauskatze sich im Freien wie ihre wilden Verwandten verhält und zu Hause wieder zum Kätzchen wird, das «seine» Menschen in Adoptiveltern verwandelt.

Junglebook Aspen Mist, Ägyptische Mau silver, von Frau Ingrid B. Baur-Schweizer.

BENGALE

Die Bengale ist eine vor relativ kurzer Zeit entstandene Rasse. Sie ist das Ergebnis von zuchttechnischen Bemühungen, die Träume des zivilisierten Menschen zu verwirklichen. Letzterer scheint von der Idee besessen zu sein, bei sich zu Hause ein reduziertes Modell, eine mehr oder weniger gezähmte Kopie der furchtbaren Großkatzen zu besitzen. Wahrscheinlich verdanken wir diesem «Mogli-Komplex» die Bengale, die von einer amerikanischen Züchterin aus Kreuzungen zwischen kurzhaarigen Europäern oder Amerikanern und der Felis bengalis, einer asiatischen Leopardenkatze, hervorgebracht wurde. Die ersten Kätzchen wurden dann mit ägyptischen Maus und mit anderen gefleckten Katzen gepaart. Das Ergebnis dieses in den 60er Jahren begonnenen Zuchtprogramms war eine große, kräftig bemuskelte Katze mit robustem Knochenbau und wildem Aussehen. Der abgerundete Kopf sitzt auf einem gedrungenen Hals und ist eher klein im Verhältnis zum Körper. Die weit auseinanderstehenden Augen sind oval und leicht schräg eingesetzt; in der Ruhe sind die Ohren nach vorne gerichtet. Das Fell ist dicht und sieht etwas plüschartig aus, ist aber weich und fühlt sich samtig an. Es ist über und über mit großen, horizontal angeordneten Flecken übersät; am Kopf, an den Schultern und an den Beinen sind Streifen und der Schwanz ist geringt und endet in einer dunklen Spitze.

Es scheint, daß diese sehr schöne Katze nicht immer bester Laune sei, und die Züchter bemühen sich, ihren Charakter zu verbessern – was kein Luxus ist, wenn man bedenkt, daß die Kater manchmal ein Gewicht von acht oder neun Kilogramm erreichen können.

KLETTERMAX

Wenn das Klettern beim Menschen tatsächlich etwas mit einer Neurose zu tun hat, gehört es leider zur Natur der Katze. Freunde von mir hatten einen schlauen Kater, der sich immer ein Riesenvergnügen daraus machte, an den juteverkleideten Wänden hochzuklettern, sich mit dem Kopf nach unten über den Türen aufzuhängen und die vorbeigehenden Menschen mit einem lauten «Miau» zu erschrecken, bevor er sich vor ihre Füße plumpsen ließ.

OBEN UND FOLGENDE SEITEN.
Bengal's hill's Hearty, Bengale snow chocolate spottet tabby, von Herrn und Frau Michel Sfez-Zon.

Singapura

Die Singapura teilt mit den europäischen Katzen eine gemeinsame Herkunft – die Gasse. In Süd-ost-Asien kommt sie sehr häufig vor und in Singapur wird sie als «Abflußkanal-Katze» bezeichnet. Ihren ungeliebten und schlechternährten Vorfahren verdankt sie sicherlich eines ihrer charmantesten Merkmale: ihren kleinen Wuchs. Eine ausgewachsene weibliche Katze wiegt nicht mehr als zwei Kilo, ein Kater kaum drei!
Sie wurde Mitte der 70er Jahre von amerikanischen Züchtern entdeckt, die sie in ihrem Gepäck mitnahmen, um aus ihr eine Rassekatze zu machen. Und jetzt lebt sie unter uns, mit ihrem leicht dreieckigen Kopf mit abgerundeten Linien, mit ihren großen Ohren und ihren fast übergroßen mandelförmigen Augen, die sie weit offen hält. Die Augenfarbe ist haselnußbraun, grün oder gelb und die Augen sind, wie der Nasenspiegel und die Lippen, wie mit einem Kajalstrich umrandet, was sie noch größer erscheinen läßt. Die Singapura ist schlank und hat einen gut bemuskelten Körper; die Beine sind mittelschlank, nicht fein, die Pfoten oval mit braunrosa Ballen. Das Fell ist sehr kurz, liegt dem Körper dicht an und ist von seidiger Textur. Die Haare sind getickt wie bei der Abessinier, dunkel-sealbraun auf warmem Elfenbein und Bronze.

H-Butterfly du Fort Canning, Singapura brown tabby, von Herrn Gérard Prescott.

Ocicat

Mitte der 60er Jahre arbeitete Virginia Daly, eine amerikanische Züchterin, an einem Kreuzungsprogramm zwischen Abessiniern und Siamesen. Aus einer Paarung einer der Mischlingskatzen mit einer Chocolate Pointe Siamesin entstand, zu ihrem größten Erstaunen, ein vollständig getupftes Kätzchen. Es wurde Ocicat genannt, in Anlehnung an den Ozelot, und wurde Teil eines besonderen Programms zur Fixierung und Bekanntmachung der Rasse.
Die Ocicat ist elegant und kräftig, weder zu fein noch zu schwer, und sollte wie eine kleine Wildkatze aussehen. Ihr Kopf ist weder allzu dreieckig noch allzu rund; die Wangen und das Kinn sind gut entwickelt, die Schnauze ist ziemlich lang, aber nicht spitzig, zwischen Nase und Stirn gibt es einen kleinen Stopp. Die großen mandelförmigen Augen stehen ziemlich weit auseinander und leicht schräg; alle Farben sind erlaubt außer blau. Die mäßig großen Ohren sind an den Seiten des Kopfes angesetzt. Die muskulösen Beine mit dem kräftigen Knochenbau enden in großen ovalen Pfoten. Der Schwanz ist ziemlich lang und verjüngt sich leicht. Die Haare weisen ein «Ticking» auf, und über dem Fell sind große, daumenabdruckähnliche Flecken verstreut. Der Kopf ist gestreift und der Schwanz geringt.

Gitane

Einverstanden, ich heiße Gitane (Zigeunerin), aber ich tanze keinen argentinischen Tango, auch wenn Sie das vermutet haben. Das Geheimnis meiner graziösen Haltung? Um die Wahrheit zu sagen: an jenem Morgen hatte ich keine große Lust, meinen hübsch gefleckten Bauch vorzuzeigen. Mit allem mir geschuldeten Respekt hat man mich also auf höflichste Art dazu gezwungen. Sie wissen aber, daß die Katze von Natur aus nicht besonders folgsam ist, und in meinem kleinen störrischen Kopf – dem einer Katze, der widersprochen wird – entstand langsam ein Gedanke: Und wenn ich die Flucht ergriffe? Und so habe ich mit größter Unschuldsmiene langsam und sehr höflich eine elegante Pfote ausgestreckt um zu sehen, ob es nicht zufällig eine Möglichkeit gäbe, zu entweichen. Diskret, natürlich – ich bin schließlich nicht irgendjemand. Und man machte ja viel Aufhebens um mich, man fotografierte mich. Warum, glauben Sie, habe ich mir die Mühe gegeben, meinen schlangenähnlichen Schwanz um mein Tänzerinnenbein zu winden?

Gitane du Vieux Pont, Ocicat brown tabby, von Frau Suzanne Arelli.

VON HUNDEN UND KATZEN

Seit Buffon, der die Katze anschwärzte und den Hund über den grünen Klee lobte, geraten sich Anhänger der einen und der anderen in die Haare – wie Hund und Katz! Im Mittelpunkt des Streits sind Projektionen, Werturteile und moralische Eigenschaften, die den einen oder anderen zugesprochen werden, so daß der Katzenfreund fast gezwungenermaßen zum Hundefeind wird. «Die Katzen haben kleine, empfindliche Seelen, kleine Seelen voller Schmeicheleien, voller Stolz und Launenhaftigkeit, schwierig zu verstehen und nur wenigen Privilegierten zugänglich (...). Ihre Intelligenz ist der des Hundes mindestens ebenbürtig, aber sie weisen nie dessen kriecherische Unterwürfigkeit auf, und auch nicht dessen lächerliche Wichtigtuerei oder empörende Grobheit. Es sind elegante und patrizierhafte Kreaturen (...)», schreibt Pierre Loti, der vom armen Hund meint, er sei «rettungslos ordinär» und «ein schmutziger Emporkömmling». Chateaubriand liebt bei der Katze «diesen unabhängigen und fast abweisenden Charakter, der bewirkt, daß sie sich an niemanden bindet, und die Selbstverständlichkeit, mit der sie zwischen Salon und Dachrinnen pendelt», und er notiert auch, daß, wenn man sie streichelt, sie einen runden Rücken macht, «aber es ist ein körperliches Lustgefühl, das sie empfindet, und

nicht wie beim Hund die alberne Befriedigung, seinen Meister zu lieben und ihm treu zu sein, auch wenn der ihm dafür mit einem Tritt in den Hintern dankt».

Es ist jedoch Moncrif, der uns die scharfsinnigste Analyse der Unterschiede liefert, die unsere beiden Hausgenossen trennt, weil er sich für die Ursachen dieser Meinungen interessiert, die uns dazu bringen, derart heftig Stellung zu beziehen: «Die Hunde sind uns zugetan, weil sie ohne unsere Hilfe sterben würden»; die Katze ist «von glücklicher Konstitution, ohne jegliche Besorgnis, und sie kümmert sich nicht im geringsten um die Belange des kommenden Tages (...). Die Vorsorge, auch wenn sie uns durchaus positiv erscheint, ist im Grunde genommen Ausdruck von Furcht (...). Ein Hund, umgeben von allem, was seine Gefräßigkeit ihm wertvoll erscheinen läßt, erlebt nicht diese Ruhe, die das wahrhafte Glück ausmacht; sogar im Moment der Sättigung verspürt er die kommende Not; er versteckt mit Mißtrauen einen Teil seines Reichtums». Und was, wenn die echte Grundfrage, die sich hinter diesem Streit verbirgt, jene wäre, ob die Angst vor Zeiten der Not die Unterwürfigkeit rechtfertigt?

Hocy du Vieux Pont, Ocicat chocolate silver spot, von Herrn Fabrice Calmes.

California Spangled

Ich, die California Spangled, zu deutsch «kalifornische getupfte Katze», bin ein reines Produkt menschlicher Züchtungskunst. Ich entsprang zuerst der Fantasie eines Drehbuchautors aus Hollywood, Paul Casey, der mich so sah wie die getupften afrikanischen Wildkatzen. In den 70er Jahren machten sich Spezialisten an die Arbeit und kreuzten englische und amerikanische Kurzhaar mit Straßenkatzen aus Kairo und aus Südasien sowie mit einigen Siamesen. Obwohl Mutter Natur in bezug auf Rassen ein ausgesprochener Schmelztiegel sein kann, hätte sie Mühe gehabt, all dies an einem einzigen Ort zu vereinigen. Der Nachbar zu meiner Rechten und seine Kollegen auf den folgenden Seiten sind echte Showkatzen.

Oben. *Carragato Lassik, California Spangled gold spotted, von Frau Vanna Maria Tatti.*

Rechts und folgende Doppelseite. *Tootsie, Hauskatze, von Herrn und Frau William Weldens.*

Manx

Die Manx ist eine Katze mit kurzem Rücken und rundlichen Formen, die durch ihr wesentliches Merkmal unterstrichen werden: ihren fehlenden Schwanz. Sie ist von mittlerer Größe, gedrungen und kompakt – ein Körperbau, der mit dem technischen Ausdruck «cobby» beschrieben wird. Die kräftigen Beine mit dem starken Knochenbau sind vorne kürzer, so daß die Hinterhand etwas der eines Bären ... oder eines Kaninchens gleicht. Wie letzteres hoppelt diese Katze gerne. Ihr Kopf ist rund, mit einer Schnauze, die etwas länger als breit ist; die Wangen sind stark entwickelt und die Stirn leicht gewölbt. Die Augen sind ebenfalls rund, groß, stehen weit auseinander und stehen leicht schräg; ihre Farbe entspricht der Fellfarbe. Das Fell ist kurz, dicht, seidig und weist Unterwolle auf. Im Idealfall ist bei der Manx die Schwanzlosigkeit vollkommen und sie hat ein absolut rundes Hinterteil: man nennt sie dann «rumpy». Das für diese Mutation verantwortliche Gen äußert sich jedoch nicht immer in derselben Weise: gewisse Manx können bis zu drei Schwanzwirbel haben, die in einer Fellquaste enden (rumpy riser), oder sogar einen rudimentären Schwanz haben, der bis zu zehn Zentimeter lang sein kann (stumpy). Es gibt auch Kätzchen, die mit einem mehr oder weniger normalen Schwanz geboren werden; diese «tailed Manx» werden ausschließlich zur Zucht verwendet.

Die nur auf der Insel Man, im irischen Meer, vorkommende Rasse ist seit mehr als zwei Jahrhunderten bekannt. Seit Anfang dieses Jahrhunderts interessieren sich die britischen Züchter für sie. Anfänglich wurden alle Kätzchen mit etwas längerem Haar ausgemerzt. In den 60er Jahren interessierten sich Amerikaner für diese alten Katzenformen, mit denen sie eine neue Rasse züchteten, die sie Cymric nannten. Dieses Wort stammt von «Cymru», dem walisischen Namen für Wales. Wie die Manx hat auch die auf den folgenden Seiten abgebildete Scottish Fold eine morphologische Doppelgängerin, die Highland Fold. Sie finden sie auf den Seiten 100 – 101 zusammen mit der Cymric in der Kategorie der Halblanghaar, ebenso wie den Standard dieser «schottischen» Katze mit den gefalteten Ohren.

Shen's Lady (OBEN), *Yuki und Winnie de la Cambade, Manx, von Frau Huguette Noebels.*

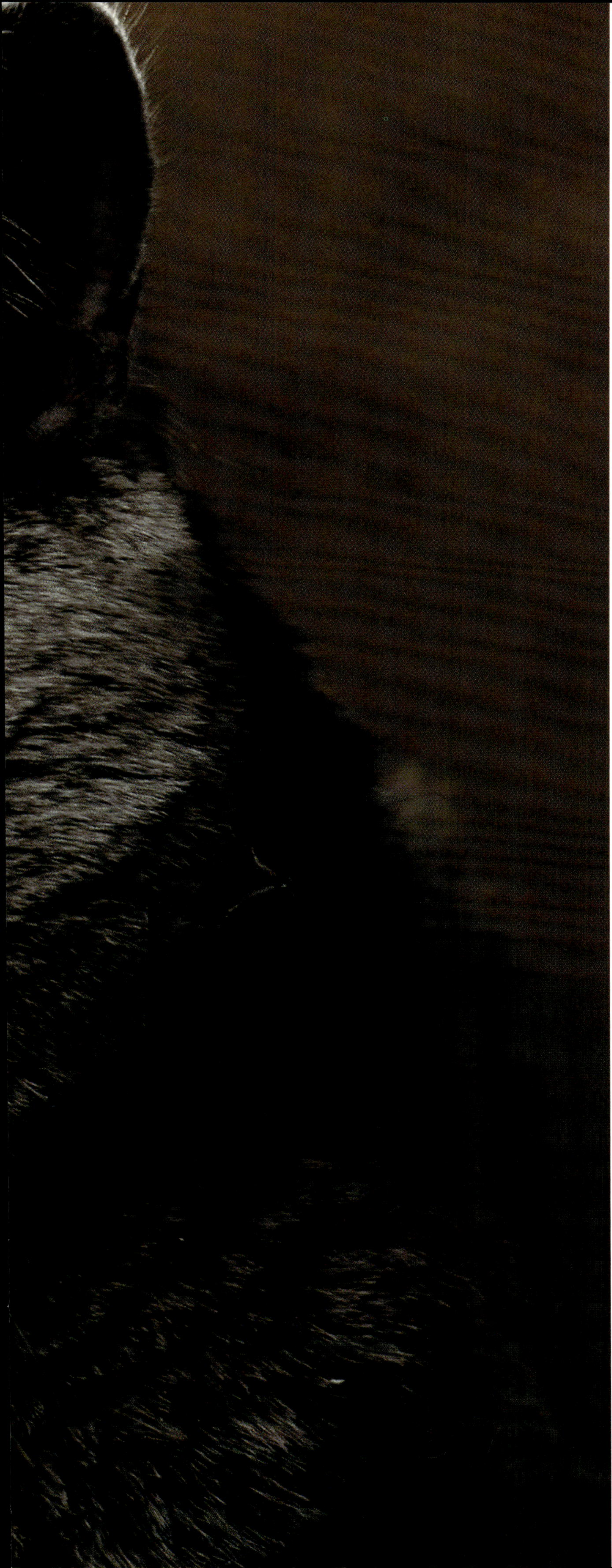

Kartäuser

Die Kartäuser, die ihren Ruhm der Schriftstellerin Colette verdankt, ist einheitlich blau-grau, bis zum Nasenspiegel und den Pfotenballen. Nur ihre kupfernen oder dunkel orangefarbenen Augen heben sich von dieser gewitterwolkenfarbenen Grundfarbe ab. Es handelt sich um eine mittellange, massive und feste Katze, mit einer breiten und gut entwikkelten Brust, kurzen, stämmigen und muskulösen Beinen. Sie unterscheidet sich von den anderen «Blauen» durch ihren kurzen Kopf, der die Form eines umgekehrten Trapezes aufweist, weil er an der Basis, d.h. am Kinn, breit ist und die Wangen gut ausgeprägt sind, insbesondere bei den Katern. Die mittelgroßen Ohren sind hoch plaziert, aber nicht aufrecht auf dem Schädel, der rund und nicht flach ist und die typische Form noch verstärkt. Die breite und gerade Nase weist keinen Stopp auf. Auch das Fell ist charakteristisch; es ist glänzend, dicht, darf nicht eng anliegen, sondern muß etwas abstehen, wollig wie beim Fischotter. Das reich ausgebildete Unterfell darf sich farblich nicht allzu stark vom Deckhaar unterscheiden, das seinerseits kein Ticking aufweisen darf. Alle weißen Haare oder Reflexe, alle Streifen oder Spuren davon gelten als schwerer Fehler, so wie grünliche Augen.

Vorausgehende Doppelseite. *Mar de Barret genannt Liberty, Scottish Fold Van schwarz und weiß und Scotland Yard, Scottish Fold black silver blotched tabby und weiß Van, von Frau Yannick Prescott-Quefféléant.*

Links und oben. *Darling du Sacré Cœur, Kartäuser, von Frau Marie-Lucie Malenovic.*

ABESSINIER

Die erste Abessinier hieß Zula und wurde von Mitgliedern einer militärischen Expedition aus Äthiopien (damals Abessinien) nach England gebracht; sie gaben ihr den Namen des Hafens, wo sie an Land gesetzt wurden. Das war im Jahre 1868, und eine Fotografie dieser einzigen Rassevertreterin zeigt uns, daß sie ihren modernen Nachkommen nicht glich. Um ihre Züge zu bewahren, die ihren Charme ausmachten, sowie ihr Hasenfell, mußte man Zula mit einheimischen Katzen paaren, die ihr möglichst ähnlich sein mußten – und die besorgten den Rest. Die Rasse wurde also in England etabliert; sie wurde auch 1871 vorgestellt, anläßlich der allerersten Katzenausstellung im Londoner Crystal Palace. 1889 wurden erste Richtlinien für die Beurteilung aufgestellt und 1926 wurde der englische Abyssinian Cat Club gegründet. Im folgenden Jahr erschien die Katze in Frankreich; einziger Vertreter war Ras Tafari, der natürlich auf der anderen Seite des Ärmelkanals geboren war. Die Rasse wurde bald sehr beliebt, und ihre Zucht entwickelte sich sowohl in Europa als in Amerika rasch. In den Vereinigten Staaten gehört die Abessinier, zusammen mit der Siamkatze und den Persern, zu den beliebtesten Katzenrassen. Die elegante Abessinier, die an ägyptische Götter erinnert, ist ein wahres Traumtier! Die Abessinier ist von mittlerer Gestalt, fest, geschmeidig, griffig und muskulös. Sie hat einen ziemlich langen, spitz zulaufenden Schwanz. Ihre sehnigen, langen und schlanken Beine enden in schmalen und ovalen Pfoten. Der Kopf zeigt eine gemäßigte Keilform und ist von sanfter Kontur, das Kinn ist kräftig, die Nase mittellang und die Ohren verhältnismäßig groß, weit auseinanderstehend und straff aufgerichtet, sie haben meist ein Ohrbüschel am inneren Rand. Die großen ausdrucksvollen Augen mit mandelförmigem Schnitt und dunkler Umrandung müssen gut auseinanderstehen und von reiner Farbe sein – grün, gelb oder intensives Bernsteingelb. Das Fell ist kurz, fein und dicht anliegend. Die Haare weisen ein doppeltes oder vorzugsweise dreifaches Ticking auf, das heißt sie haben zwei oder drei Farbbänder; dunkle Haarspitzen werden bevorzugt. Die Fellfarben sind «aguti» (wildfarben), «sorrel» (rotbraun), «blau», «beige-fawn» oder «silver», ohne Abzeichen (Geisterstreifen) auf der Brust, dem Bauch oder an den Beinen. Nasenspiegel, Pfotenballen und manchmal sogar Schwanzspitze sind bestimmten Kriterien unterworfen und müssen farblich dem Fell angepaßt sein.

OBEN UND FOLGENDE SEITEN.
Diamond Silver d'Altair of Cinnamon's, Abessinier silver sorrel, von Herrn Gilles Guillaumes.

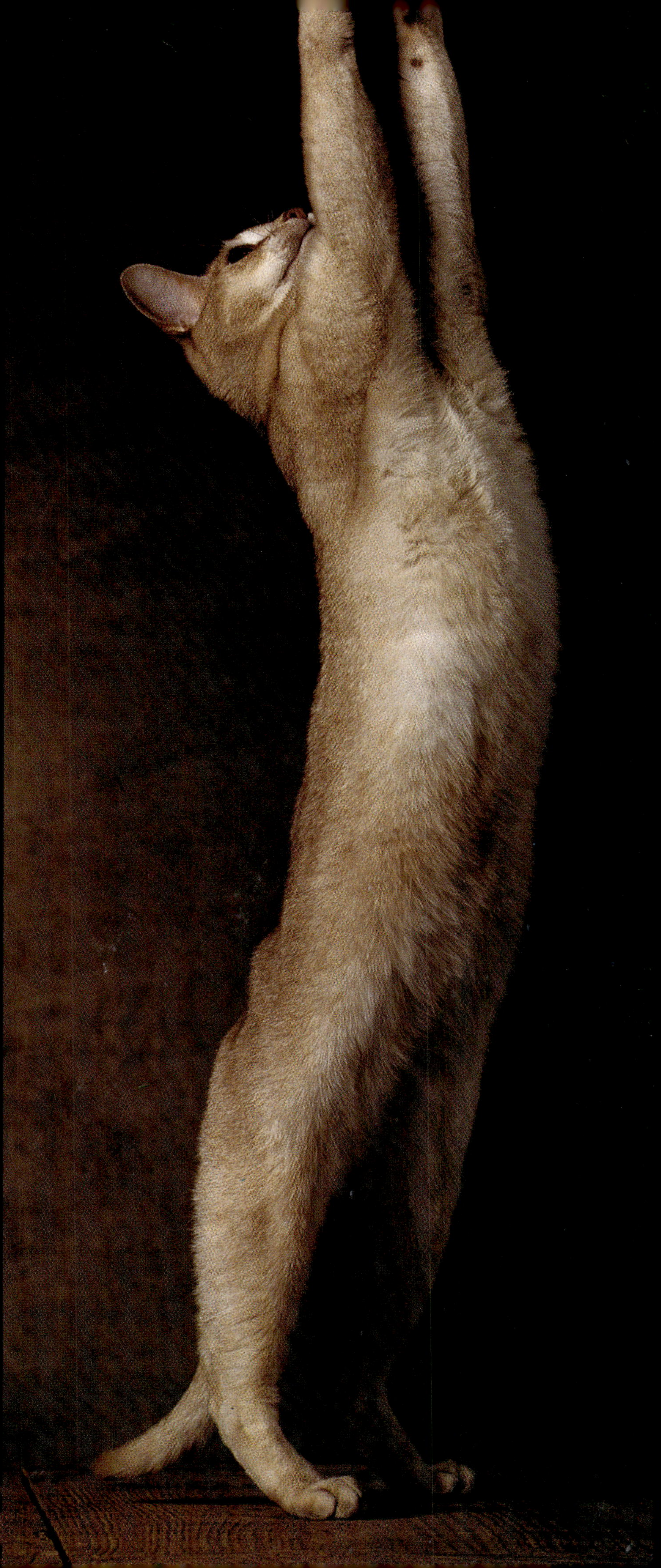

VON KATZEN UND TIGERN (1)

Der Tiger des Londoner Zoos verleitete Paul Valéry zu folgenden Aussagen: «Es ist nicht möglich, mehr sich selbst zu sein, besser bewaffnet, begabter, mit allem ausgestattet, um auf perfekte Art Tiger zu sein. Es können ihm weder Appetit noch Gelüste erwachsen, die in ihm selbst nicht sofort ihre raschesten Mittel fänden. Ich gebe ihm folgenden Wahlspruch: OHNE PHRASEN.

(Fortsetzung folgt)

Hot Shot Lone Star, Fiona Lone Star, Hennessy Lone Star und Shechinah Esprit d'Amour, Abessinier agouti, von Frau Daniela Goll.

VON KATZEN UND TIGERN (2)

... **A**bgesehen von der kaiserlichen Kraft gebraucht Moncrif, was die Katze betrifft, sehr ähnliche Worte: «Sie ist immer Herrin der Lage; ihre Geschicklichkeit und ihre Nüchternheit sind nie versagende Garanten einer angenehmen Zukunft.» Oder: «In ihrer Behendigkeit und in ihren Krallen tragen sie also sowohl ihr Glück wie ihre Heimat.»

(Fortsetzung folgt)

OBEN. *Gennetic's Black Silver d'Alyse de la Pagerie, Abessinier black silver, von Frau Alyse Brisson.*

RECHTS. *Helvétia de Fontanalbe, Abessinier rehfarben, von Frau Marie-Louise Giraud.*

Von Katzen und Tigern (3)

Die Analogie zwischen Paul Valérys Tiger und Moncrifs Katze bestätigt im ganzen genommen die Meinung Joseph Mérys, der angesichts von Victor Hugos Katze sagte: «Gott hat die Katze geschaffen, um dem Menschen die Freude zu schenken, den Tiger zu streicheln.»

Bahariya's Tefnout Blue Genes (oben), Abessinier blau, und Zazie, Europäisch Kurzhaar bicolor, von Claude Paul und Marcel Godenir.

Triumphierender Narziss

Die Katze, die so einschmeichelnd um unsere Beine streicht, tut dies, laut Verhaltensforschung, nur, um uns mit ihrem Geruch zu imprägnieren und unseren aufzunehmen. Mit anderen Worten, macht sie uns damit quasi zu ihrem Besitztum und scheint dies außerdem zu genießen.

Cinnamon's Fersen, Abessinier sorrel, von Herrn Franck Massé.

Halblanghaarkatzen

DIE ABESSINIER UND IHRE DOPPELGÄNGERIN, DIE SOMALI

Afrikanerin vom Namen her mehr als wegen ihres ehemaligen Ursprungs ist die Somali heute nichts anderes als eine halblanghaarige Abessinier, eine natürliche Mutation, die in den 30er Jahren aufgetaucht ist. Lange wurde sie ihres Fells wegen von der Zucht ferngehalten, bis 1960 amerikanische Züchter auf sie aufmerksam wurden. Heute ist die Somali allgemein anerkannt. Sie entspricht wörtlich aufs Haar demselben Standard wie die Abessinier. Ihr Fell ist etwas länger und bildet Hosen und Halskrause, weist aber dasselbe Ticking auf.

Lynn Lee's Black Eyed Susan (OBEN) und Lynn Lee's Secret Wishes (RECHTS), Somali agouti, von Herrn und Frau Alain Piette.

Magyarenschnauz

Ende des letzten Jahrhunderts, als die Katze zum Modetier wurde, schrieb Jules Husson, genannt Champfleury, ein Freund Baudelaires, Courbets und Nadars, ein Standardwerk über die Katze, dessen Umschlag von Edouard Manet illustriert wurde. Man entdeckt darin unerwartete Katzenfreunde wie den Historiker Jules Michelet oder den sehr strengen Monsieur de Sainte-Beuve, der seiner Katze erlaubte, in seinen Manuskripten herumzuschnüffeln. Geschichte und Legende vermischen sich darin mit graphischer Kunst und Literatur in einem Ganzen, das auf angenehme Art mit persönlichen Überlegungen und Anekdoten ergänzt wird. So erfährt man, daß der junge Champfleury einmal die große Ehre hatte, im gotischen Salon Victor Hugos vom «Hausgeist» empfangen zu werden: «In der Mitte befand sich ein großer, roter Baldachin, auf dem eine Katze thronte, die den Anschein erweckte, sie wolle die Huldigungen der Gäste gnädigst entgegennehmen. Eine breite Halskrause von weißen Haaren hob sich wie ein weißer Kragen vom schwarzen Kleid ab; der Schnurrbart war derjenige eines ungarischen Magyars, und als die Katze sich mir feierlich näherte und mich mit ihren feurigen Augen anblickte, verstand ich, daß die Katze die Gestalt des Dichters angenommen hatte und die großen Gedanken reflektierte, von denen die Wohnung erfüllt war.

Ob diese schöne Somali mit Schwanz manchmal davon träumt, sie sei in einem ihrer Leben Victor Hugos Katze gewesen?

Oben. *Lynn Lee's Secret Wishes.*

Rechts und folgende Doppelseite. *Hyacinth des Fauve et Or, Somali blau, von Frau Christine Le Renard.*

Prinzen und Narren

«Kanzlerpellerine», «Magyarenschnauz», «große Sphinx ausgestreckt zu Füßen der Einsamkeiten» ..., sprechen Sie weiter, verehrte Dichter, aber die Katze kümmert sich nicht darum, und die strenge Würde stößt sie manchmal ab. So überraschen wir sie manchmal dann, wenn sie unsichtbare Fliegen fängt, imaginäre Beutetiere unter einer Teppichfalte erlegt, die Schatten von Opfern in allen Richtungen jagt. Als Prinzessin kann sie sich noch über die Possen ihrer menschlichen Narren ergötzen.

Helie-Tim du Bois Galant, genannt Heliot, Somali sorrel, von Herrn Patrick-Michael Reygner.

Schottische Katze

Die Scottish und die Highland Fold sind das Produkt einer spontanen Mutation, die in den 60er Jahren in Schottland auftrat. Sie teilen sich denselben Körperbau und unterscheiden sich nur durch die Haarlänge. Es handelt sich um ziemlich kurze, rundliche Katzen mit mittelgroßen Beinen und runden Pfoten; Brust und Körper sind abgerundet. Die nach vorne gefalteten Ohren sitzen auf einem rundlichen Schädel und lassen die Katze mit den großen, runden Augen wie ein Uhu erscheinen. Das mutierte Gen, das für diese Ohren verantwortlich ist, scheint auch Knochenprobleme zu verursachen; den Folds werden deshalb regelmäßig andere Rassen eingekreuzt, um sie gesund ... und rund zu erhalten.

Schwanz und Ohren

Über den fehlenden Schwanz bei der Manx und auch bei der mit ihr eng verwandten langhaarigen Cymric kursieren unzählige Legenden. Man erzählt beispielsweise, daß die Manx als letzte auf die Arche Noah gelangte und daß ihr mit der zugeschlagenen Tür der Schwanz abgeschlagen wurde. Es heißt auch, daß Soldaten der Eroberungsmächte – Spanier oder andere, je nach Quelle – den Katzen die Schwänze abgeschnitten hatten, um sich damit den Helm zu schmücken, und daß die Kätzinnen dann beschlossen, diesen Barbaren das Vergnügen zu vergällen, indem sie ihren eigenen Kätzchen den Schwanz abknabberten, bis schließlich nur noch schwanzlose Kätzchen geboren wurden. Schließlich wird auch behauptet, daß diese Schwanzlosigkeit aus geheimen Paarungen mit Kaninchen zustande gekommen ist.

Die Schwanzspitze der Katze hält die menschliche Neugierde seit langem auf Trab. Neben dem glücksbringenden Bobtail und seinem Chrysanthemenschwanz hat Japan auch seine unheilbringende Katze, die unheimliche «Nekomata», deren Schwanz sich in zwei Teile teilt und ihr die Macht gibt, sich zu verwandeln, meist in einen weiblichen Vampir oder einen blutrünstigen Dämon. Einst glaubte man in der Bretagne, daß die Macht, die der Katze erlaubte, die Gestalt einer Hexe anzunehmen, in ihrem Schwanz liege, den man deshalb sicherheitshalber abschnitt. Manchmal schnitt man aber auch einige Ohren ab, um zu verhindern, daß die sich schämende Katze «zum Teufel begab» – oder, einfacher, um zu bewirken, daß sie zu Hause blieb und Mäuse jagte, anstatt auf Brautschau zu gehen!

Oben. *H2o de Cour Saint-Eloi, Cymric schildpatt, von Fräulein Florence Prescott.*

Rechts. *Hidole des Sentiers Sauvages, Highland Fold, von Herrn und Frau Christian Doublet-Picroyer.*

NORSK SKOGKATT – NORWEGISCHE WALDKATZE

Die Norwegische Waldkatze ist eine kräftig gebaute Katze mit langgestrecktem Körper. Ihre muskulösen, hinten höheren Beine enden in großen runden Pfoten, die zwischen den Zehen Haarbüschel aufweisen. Der Kopf ist ein gleichmäßiges Dreieck mit hoch oben plazierten, langen, geraden, gut geöffneten Ohren, die innen lange Haare tragen; luchsartige Haarbüschel werden besonders geschätzt. Das Kinn soll sehr kräftig sein, das Profil gerade, ohne jeglichen Stopp. Die großen, leicht schräg gestellten Augen können jegliche Farbe aufweisen, so wie auch das Fell, bei dem ebenfalls alle Abzeichen zugelassen sind, außer den «Points» der Siamesen und die Grundfarben Chocolate und Lilac. Der lange buschige Schwanz muß bis zum Nackenansatz reichen, wenn man ihn auf den Rücken legt. Die Katze trägt ihn stolz, wie eine Fahne. Das halblange Fell besteht aus Unterwolle und längerem Deckhaar, das auf dem Rücken und an den Seiten glatt und wasserabstoßend ist. Im Winterfell trägt die Katze eine lange Halskrause, einen im Dreieck von den Backen herabfallenden Bart, «Knickerbocker-Hosen» an den Hinterbeinen. Das Sommerfell, nach dem jährlichen Haarwechsel, ist meistens kurz; nur der Schwanz bleibt buschig.

WEISS-BLAU

Diese großgewachsene junge Dame, die ihren Schwanz wie eine königliche Schärpe trägt, ist vollständig gehörlos: dies ist leider oft der Preis eines reinweißen Kleides und himmlischer Augen – als hätte die Unschuld kein Recht, zu hören. Aus genetischen Gründen sind weiße Katzen mit blauen Augen meist mehr oder weniger schwerhörig. Nur die Foreign White wird von dieser Regel noch verschont – wie sie übrigens einer strengen Klassifizierung entgeht, da sie gleichzeitig eine weiße Siamkatze und eine blauäugige Orientale ist.

Naima's Yacinta, Norwegische Waldkatze weiß (Norsk Skogkatt), von Frau Theres Ramseyer.

Ursprung

Entgegen der Vermutung, zu der ihr Name verleitet, ist die Norwegische Waldkatze, die sehr lange eine halbwilde Existenz führte, mit *Felis Sylvestris* überhaupt nicht verwandt, war doch letztere früher in Skandinavien unbekannt.

Der Schwede Linné, einer der Begründer der modernen Naturgeschichte, äußerte 1746 als erster die Vermutung, daß alle unsere Hauskatzen exotischen Ursprungs seien. Der Wissenschaftler kannte zweifellos die Skogkatt gut, führte sie doch damals ein freies Leben im Wald oder als Rattenfängerin auf den Bauernhöfen. Sie war jedenfalls die einzige einheimische skandinavische Katze, deren Alter von den Legenden und der Mythologie bezeugt wurde; so hatte sie, als noch die alten Götter herrschten, den Wagen der nördlichen Liebesgöttin Freia gezogen.

Heute wird vermutet, daß die Skogkatt im 8. Jahrhundert von den Wikingern nach Skandinavien gebracht wurde, um dort Ratten zu jagen, und daß sie ursprünglich aus der Umgebung des Kaspischen Meers stammte. Ihr solides und rustikales Äußeres und ihr dichtes, wasserabstoßendes Fell wären also die Folge einer progressiven Anpassung an das Klima.

In den 30er Jahren bemühten sich norwegische Züchter, die Originalität dieser klassischen einheimischen Bauernhofkatze zu bewahren, denn sie war gefährdet, weil man sie oft mit anderen Rassen kreuzte. Die ersten Standards wurden 1972 in Norwegen aufgestellt; fünf Jahre später wurde die Skogkatt weltweit anerkannt. Man bemühte sich, die Eigenschaften festzulegen, die sie von den anderen nordischen Langhaarkatzen unterscheiden. Um «Nachahmungen» zu vermeiden, dürfen unter der Bezeichnung «Norsk Skogkatt» an den Ausstellungen nur Tiere zugelassen werden, die eine Ahnentafel besitzen, und in dieser Kategorie gibt es keine Novizenklasse.

Hanske de la Cachouteba, Norwegische Waldkatze (Norsk Skogkatt) blau tabby und weiß, von Frau Christine Pochez.

SIBIRISCHE KATZE

Im Jahre 1990 kam die Sibirische Katze in den Westen, aber in der DDR und in der Tschechoslowakei wurde sie bereits seit einigen Jahren gezüchtet. Ihr offizieller Klub in St. Petersburg ist der Garant ihrer Herkunft.
Es handelt sich um ein «Mordsding» von einer Katze; die kräftig gebauten Kater können ein Gewicht von über 10 Kilogramm erreichen und die Kätzinnen rund 6 Kilogramm. Sie hat einen massiven Körper, einen schweren Körperbau, kräftig bemuskelte Flanken, Rücken und Schultern, eine breite und gerade Brust, mittellange Beine mit großen, leicht ovalen Pfoten und kleinen Haarbüscheln zwischen den Zehen. Der Schwanz ist weniger lang als bei der Norwegischen Waldkatze, aber dick und kräftig, mit gleichlangen, von der Basis bis zur leicht gerundeten Spitze senkrecht eingesetzten Haaren. Der trapezförmige Kopf weist eine breite Stirn auf, hohe Wangenknochen, kleine, gut entwickelte Wangen, große, weit offene und leicht mandelförmige Augen, die weit auseinandergesetzt und leicht schräggestellt sind. Die mittelgroßen Ohren sind breit am Ansatz und gegen die Spitze leicht gerundet; auf dem inneren Ohrrand wachsen hübsche Haarpinsel. Die Ohren sind seitlich angesetzt und in der Ruhe leicht nach vorne geneigt. Das doppelte Fell hat dichte Unterwolle und rauheres, wasserabstoßendes Deckhaar. Im Winter sind die Hosen und die von den Wangen ausgehende Halskrause besonders spektakulär. Alle Fellfarben sind zugelassen, aber diejenigen mit dem «Aguti»-Faktor (Haar, auf dem sich helle und dunkle Zonen abwechseln) werden besonders geschätzt.
Diese Katze ist eine gute Kletterin und Jägerin; zu Hause ist sie ruhig und zurückhaltend. Es scheint, daß sie von den sibirischen Bauern als Wächterin eingesetzt wurde, denn sie knurrt gerne, wenn sich Unbekannte ihr nähern.

Horacio des Loricaria of Siberia, Sibirische Katze agouti und weiß, von Frau Micheline Bancarel.

Maine Coon

Die Maine Coon ist eine echte Amerikanerin, die ihren Namen ihrem Heimatstaat sowie dem Waschbären (engl. raccoon) verdankt. Einer Legende zufolge soll sie die Frucht einer eigenartigen Liebe zwischen dem kleinen, maskierten Säugetier und in den Wäldern lebenden Katzen sein. In Wirklichkeit ist sie eher das Produkt spontaner Kreuzungen zwischen lokalen kurzhaarigen Bauernhofkatzen, die von den ersten Pionieren eingeführt wurden, und von durch Seeleute aus Neu-England importierten Angoras. Diese Hypothese ist wahrscheinlich, aber nicht bewiesen, und so kann man, wenn man romantisch veranlagt ist, einer weiteren Legende glauben, die erwähnt, daß Marie-Antoinette dem Marquis de La Fayette Angoras schenkte, als er für den Unabhängigkeitskrieg einschiffte; als die königlichen Katzen in der Neuen Welt ankamen, sollen sie ihren noblen Ursprung vergessen haben und sich unter die einheimische Bevölkerung gemischt haben. Wie dem auch sei, die Maine Coon war unter den Pionieren in den Katzensalons Amerikas. In New York wurde sie 1860 ausgestellt, im folgenden Jahr homologiert und 1895 im Madison Square Garden zu einem großen Erfolg. Ihr Beliebtheit nahm anfangs dieses Jahrhunderts mit der Ankunft «exotischer» Katzen wie der Perserkatze oder der Siamese etwas ab, und die Maine Coon mußte warten, um den verblichenen Ruhm wieder aufzupolieren, bis sich in den fünfziger Jahren die Züchter wieder für sie interessierten.

Diese mittelgroße bis große Katze ist kräftig und robust gebaut. Ihr Körper sollte langgestreckt sein und kantig wirken. Die Beine sind kräftig und muskulös, gut proportioniert, die Pfoten sind groß und rund, mit Haarbüscheln zwischen den Zehen. Der Kopf ist breit, mit hohen Backenknochen, die Nase mittelbreit, das Kinn im Profil deutlich zu sehen. Die Augen stehen weit auseinander und sind leicht schräg gesetzt; sie dürfen jede Farbe aufweisen. Die hoch angesetzten und weit auseinanderstehenden Ohren sind groß, mit Haarbüscheln versehen und leicht zugespitzt. Der Schwanz ist lang, breit am Ansatz, spitz zulaufend, mit langem, wehenden Fell. Das Fell ist dicht, kürzer am Kopf und an den Schultern, von seidiger Textur und locker fallend, die Unterwolle wird vom längeren, glänzenden und leicht öligen Deckhaar bedeckt. Wie bei der Norwegischen Waldkatze sind alle Farben zugelassen, außer den «Points» der Siamesen in den Farben Chocolate und Lilac.

Rexotic Gary, Maine Coon brown tabby classic, von Herrn Denis Basile.

Magie

«Schwarz in der Dunkelheit, dunkler als dunkel. Dunkler als ein mitternächtlicher Kampf von Schwarzen in einem Keller. Um zu verschwinden, brauche ich mich nicht zu verstecken; ich höre einfach auf, zu existieren, ich lösche meine Schweinwerfer. Besser noch, ich lege meine beiden goldenen Scheinwerfer auf Teppichhöhe, schwebend in der Luft, sichtbar und ungreifbar, und ich widme mich meinen Geschäften ...»

COLETTE, Autres Bêtes

Hindi of Kamloof, Maine Coon schwarz, von Herrn Gérard Beroud.

Türkische Katzen

Die ersten türkischen Angoras wurden im 17. Jahrhundert vom Forscher Pietro della Valle nach Italien gebracht. Diese Rasse, die aus einer natürlichen Population aus den Hochebenen des Mittleren Osten stammt und die den Namen «Angora» der Stadt Ankara verdankt, ist zum Großteil verantwortlich für die Erschaffung der Perserrasse. Sie fiel zugunsten von Neuankömmlingen etwas in Vergessenheit und war zu Hause in ihrer Heimat durch natürliche Kreuzungen bedroht, bis sie sozusagen in letzter Minute durch ein dem Zoo von Ankara auferlegtes Zuchtprogramm gerettet und 1959 von einer amerikanischen Züchterin wiederentdeckt wurde.

Die Türkisch Angora ist muskulös, mittelschwer und anmutig und hat lange Beine und kleine runde Pfoten mit Haarbüscheln zwischen den Zehen. Sie hat einen keilförmigen Kopf mit hoch angesetzten, ziemlich großen, spitzen und behaarten Ohren mit hübschen Haarbüscheln. Ihre Augen sind mandelförmig und leicht schräg eingesetzt, die mittellange Nase hat keinen Stopp. Der Schwanz ist lang und schlank, dicht behaart und wird tief getragen. Das Fell ist seidig und fein, halblang ohne Unterwolle, und beim ausgewachsenen Tier bildet es eine etwas längere Halskrause.

Mit ihr sehr eng verwandt ist die Türkische Van, auch «schwimmende Katze» genannt, weil sie das Wasser liebt; auch sie stammt von einer einheimischen Katzenpopulation aus der Gegend des Van-Sees in der Türkei. Dort entdeckten sie englische Züchter in den 60er Jahren. Ihr Körper ist kalkweiß, und sie hat im Gesicht und auf dem Schädel kastanienrote Flecken; auch ihr Schwanz ist kastanienrot und leicht geringt. Die hell bernsteinfarbenen Augen sind rosa umrandet; Nasenspiegel, Lippen, Innenohren und Pfotenballen sind zart muschelrosa. Die Züchter bemühen sich, diese Abzeichen zu fixieren, indem sie die Farben diversifizieren.

Gaetan le Fétiche des Loricaria, Türkisch Angora crème und weiß, von Frau Micheline Bancarel.

Die Katze

Léonor Fini stellt fest: «Nur die deutsche Sprache, mit dem Ausdruck ‹die Katze›, drückt den weiblichen Charakter der ganzen Spezies aus. Die Katze ist die beispielhafte Katze, *die* Katze, auch auf englisch, wo für den Kater der Ausdruck *Tom cat* verwendet wird, wie um besser zu unterstreichen, daß mit der Bezeichnung *cat* nur die weibliche Katze gemeint sei.» Vom Alten Ägypten, von Japan und der Antike bis zur heutigen Zeit ist die Katze ein weibliches Symbol, Grammatik hin oder her.

*Goufy de la belle Blanche of de la Perle d'Antalya, Fany, Hendjyie (*OBEN*), Houchka de la Perle d'Antalya, Türkische Angoras, von Herrn und Frau Bernel.*

Von Katzen und Frauen

Bastet, die Katzengöttin der alten Ägypter, Beschützerin der Liebe, der Fruchtbarkeit, der Mutterschaft und der Kindheit, herrschte über grundsätzlich weibliche Gebiete. Freia, die nordische Venus, soll einen von Katzen gezogenen Wagen besessen haben. Weibliche Vampire, Dämonen und andere verwandeln sich in Katzen, das heißt in Kätzinnen, oder in Panther.

Die Volksüberlieferungen in Neapel seit der Renaissance, aber auch quer durch Europa, machen aus der Katze die Darstellung des weiblichen Geschlechts, was auch in der Umgangssprache deutlich wird. Dieses Symbol, das man uns liefert, als wäre es selbstverständlich, ist zu Beginn sicher aus der Nähe entstanden: zu Hause ist die Katze die Gefährtin der Frau, wie der Hund zusammen mit dem Mann jagt. In thebanischen Gräbern aufgefundene Fresken zeigen intime Szenen, wo die Damen bei ihrer Toilette von gezähmten Katzen beobachtet werden, die Leine oder Halsband tragen. Auf ägyptischen Tuben, Kajaltöpfchen, Fläschchen oder Schmuck finden sich oft Abbildungen von Katzen. Und da ist das Tier mit der Schönheit derjenigen assoziiert, die sich bemühen, ihm zu gleichen: Sagt man der Königin Kleopatra nicht nach, daß sie sich rühmte, ein ideales Katzenprofil zu haben? Die natürliche Eleganz der Katze und die Mühe, die sie sich bei der eigenen Körperpflege gibt, haben sicher dazu geführt, daß sie symbolisch mehr der Frau zugeordnet wurde. Wenn dies noch als bloße Eitelkeit gelten darf, so sieht es bereits anders aus mit der Sinnlichkeit der Katze, deren Fell gestreichelt wird und die sich wollüstig streckt und dehnt, und schon wird die Katze zum lokkenden Weib der christlichen Tradition. Parallel dazu liefert die untadelige Mutterkatze ein mustergültiges Beispiel von häuslichem Benehmen.

Vorgängige Doppelseite und rechts. *Hadjan de Capoutan-Lidj, Türkische Van weiß-rot, von Frau Maryse Mayoux.*

Ragdoll

Die Ragdoll ist eine große, kräftige Katze mit halblangem Haar, tiefblauen Augen und zum Teil Abzeichen wie die Siamese. Manchmal trägt sie als «Mitted» weiße Handschuhe wie die Birma, oder ist «Bicolor», wenn das Weiß sich auf alle vier Beine, die Brust und das Gesicht ausdehnt, wo es die Form eines umgekehrten V annimmt. Ihr Name bedeutet «Stoffpuppe», denn sie ist eine sanfte Riesenpuppe, die sich gern anfassen läßt und die sich vor allem als Kätzchen so entspannt, wenn man sie hochhebt, daß sie ganz schlaff wird. Diese besonders geschätzte Eigenschaft, die aus der Ragdoll eine besondere Schmusekatze macht, variiert jedoch von einem Tier zum anderen. Bis heute gibt es keine ernsthafte wissenschaftliche Untersuchung, die den Grund dieses Verhaltens erklären würde, und obwohl sie diese Rasse charakterisiert, figuriert diese Eigenschaft nicht im gültigen Rassestandard.
Es wird oft behauptet, die ersten Ragdolls seien von einer Katze geworfen worden, die in einem Unfall verletzt worden war; die Kätzchen hätten diese «Schlappheit», die sie infolge des vorgeburtlichen Traumas erworben hätten, danach ihren Nachkommen weitervererbt. Das ist natürlich ein völliger Blödsinn, der den Gesetzen der Vererbungslehre widerspricht; ein Trauma ist nicht vererbbar. Wahrscheinlicher ist also, daß die Ragdoll diese mehr oder weniger stark ausgeprägte Eigenart von den friedfertigen Persern und der ruhigen Birma geerbt hat, die zusammen mit der Siamese in der Zucht dieser Rasse verwendet wurden.

*Bag-of-Rags Melissa (*LINKS*), Pandapaws Eddie (*OBEN UND RECHTS*), Jonathan de Cyanara (*RECHTS*), Ragdolls, von Frau Vanna Maria Tatti.*

Die Heilige Birma

Die Birma, von ihren Anhängern gerne «Heilige Birma» genannt, ist eine mittelschwere Katze mit etwas länglichem Körper, starkem Knochenbau, kurzen und kräftigen Beinen. Die Kater sind gedrungener als die Weibchen, sollten aber nicht den kompakten Körperbau der Perser aufweisen. Sie hat einen breiten Kopf mit vollen, runden Backen, einem kräftigen Kinn, einer leicht gewölbten Stirn und eher kleinen, leicht schräg gestellten Ohren. Das seidige Fell ohne viel Unterwolle ist lang auf dem Rücken und an den Seiten, kurz auf den Beinen und im Gesicht. Von den Wangen weg wird es länger und bildet eine üppige Halskrause. Das Fell ist eischalenweiß auf der Brust und am Bauch, von goldenem Beige auf dem Rücken und weist die Abzeichen der Siamesen auf, abgesehen von den charakteristischen weißen «Handschuhen». Von den Zehen bis hinten zum Fußgelenk ist das Fell reinweiß, an den Hinterpfoten sollten die Handschuhe im Idealfall hinten einen weißen Stachel bilden. Zu ausgedehnte Handschuhe gelten als Fehler, wie auch seitlich hochgezogenes Weiß. Die Pfoten sollten möglichst gleich gezeichnet sein, aber höhere weiße Abzeichen hinten sind bei paarweiser Symmetrie erlaubt.

Fol Amour (OBEN) und Henessy de la Perle d'Or, Heilige Birmas seal point, von Frau Nicole Godier.

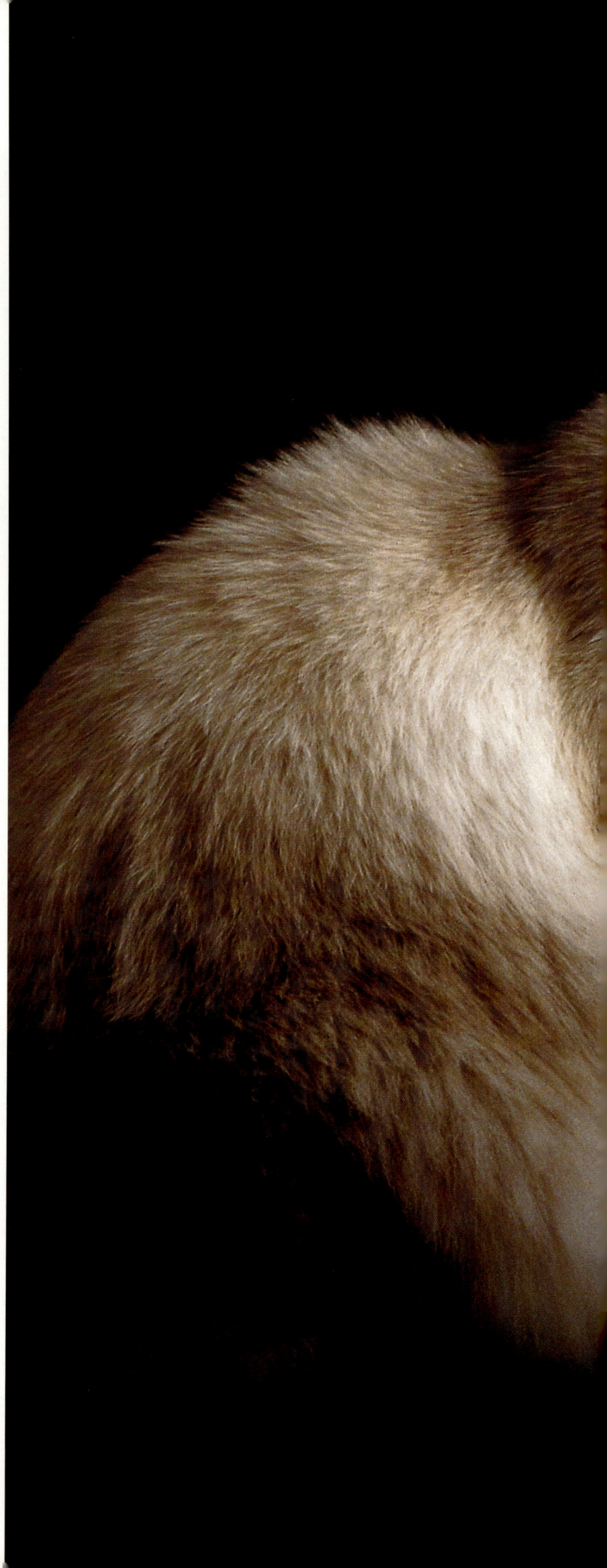

Die Birma wurde 1919 von Auguste Pavie und Major Gordon Russel, die ein Birma-Pärchen als Geschenk erhalten hatten, aus ihrem Ursprungsland nach Frankreich gebracht. Der Kater überlebte die Reise nicht, aber die Kätzin warf kurz danach Kätzchen, die diese in Frankreich seit 1925 sehr beliebte Rasse begründen sollten. Wie bei vielen anderen Katzen (und Hunden) wurde die Existenz der Birma im 2. Weltkrieg gefährdet, und sie verdankt ihren neuen Aufschwung in den 50er Jahren den französischen Züchtern. Anfangs der 60er Jahre eroberte sie die Vereinigten Staaten, und 1966 wurde sie in England anerkannt. Ab diesem Zeitpunkt nannte man sie «Heilige Birma», um jede Verwechslung mit der Burma zu vermeiden, die aus derselben Gegend stammt.

Oben. *Gentiane de la Perle d'Or, Heilige Birma blue point, von Frau Nicole Godier.*

Rechts. *Filibert, Heilige Birma seal und blau, von Frau Pascale Richard.*

Eine Heilige Katze

Verfolgte Mönche sollen Auguste Pavie und Major Gordon Russell ein Birma-Pärchen geschenkt haben als Dank dafür, daß sie ihnen zur Flucht verholfen hatten. Dieses Geschenk war um so wertvoller, wenn man bedenkt, daß diese Katzen als heilig galten, seit eine von ihnen eines Tages den Tempel von Lao-Tsun gerettet ... und ihre Farbe gewechselt hatte! Das war anfangs des 18. Jahrhunderts in einem Tempel der Tsun-Kyankse, der Göttin mit den saphirblauen Augen, die zuständig ist für die Verwandlung der Seelen. Dort meditierte der ehrbare Kittal Mun-Ha mit seiner treuen Gefährtin Sinh, einer weißen Katze mit goldenen Augen, deren Nase, Ohren, Pfoten und Schwanz erdfarben waren, d. h. dem Symbol des Unreinen entsprachen. Als sich nachts bei Mondschein Plünderer dem Tempel näherten, gab der Alte vor den fassungslosen Priestern den Geist auf. Sinh sprang alsbald auf den Schädel ihres Meisters und verfiel vor der Statue Tsun-Kyankses in Unbeweglichkeit. Ihr gesträubtes Rückenhaar wurde plötzlich goldfarben, ihr Blick wurde blau wie jener der Göttin, und die Pfoten, die den Schädel des heiligen Mannes berührten, wechselten ihre Farbe von Braun zu reinstem Weiß. Sie wandte sich dann zur Südpforte, und die Priester, erregt durch das Wunder, schlossen gerade noch rechtzeitig die schweren Bronzetore und retteten dadurch den Tempel vor Plünderung und Entweihung. Sieben Tage lang verließ Sinh ihren Meister nicht, verweigerte jegliche Nahrung und starb ihrerseits, um die Seele von Mun-Ha zu der Göttin zu bringen. Es kam die Zeit, in der sein Nachfolger bezeichnet werden sollte, da erschienen vor den versammelten Priestern alle hundert Tempelkatzen, die sich alle wie Sinh verwandelt hatten. Auf leisen, jetzt weiß behandschuhten Pfoten näherten sie sich dem jüngsten der Kittahs und blickten ihn mit ihren saphirblauen Augen an, um Tsun-Kyankses Willen kundzutun. Wenn im Tempel von Lao-Tsun eine heilige Katze stirbt, ist es die Seele eines Kittahs, die auf ewig ihren Platz im Paradies wiedereinnimmt.

Vorausgehende Doppelseite.
Hermès de Song-Hio, Heilige Birma red point, von Frau Brigitte Rozet.

Hirondelle, Heilige Birma seal tortie point, von Frau Brigitte Rozet.

Die Balinese

Wie es ihre Färbung zeigt, hatten zu früheren Zeiten Birma, Balinese und Siamese im Fernen Osten wahrscheinlich gemeinsame Ahnen. Aber während die Heilige Birma mit ihren Schneepfoten, ihren kleinen Ohren und ihrem relativ schweren Körper anfangs dieses Jahrhunderts aus Birma zu uns kam, zeigte die Balinese anfangs der 40er Jahre spontan ihre Nasenspitze in Würfen gewöhnlicher Siamesen. Ihre züchterische Laufbahn gleicht Haar für Haar derjenigen der Somali, einer mutierten, halblanghaarigen Abessinier. Anfänglich wurde sie ihres «fehlerhaften» Fells wegen von der Zucht ausgeschlossen, doch bald erweckte sie Aufmerksamkeit und bewirkte, daß spezielle Zuchtprogramme sich mit ihr befaßten und bemüht waren, ihr siamesisches Aussehen zu bewahren. Sie trägt übrigens dieselben Abzeichen wie die Siamese.

Alegrias Casa Decano of la Draiecour und ihr Wurf, Balinese blue tabby, von Herrn und Frau Serge Ferenczi.

DIE KATZE ERSCHAFFEN

Balinese und Mandarin haben denselben Körperbau und sehen auch genau gleich aus wie die in folgenden Kapiteln vorgestellten Orientalen und Siamesen. Während jedoch die Balinese, eine halblanghaarige Siamese, deren längeres Fell in den 70er Jahren «fixiert» wurde, seit ca. zehn Jahren anerkannt wird, arbeiten Züchter immer noch an einer halblanghaarigen Orientalen.
Die dem erwünschten Standard entsprechenden Tiere werden Mandarine genannt. Man kreuzt sie mit Balinesen für den «Langhaarfaktor», mit Orientalen für die Farbe, ja sogar mit Siamesen, zum großen Leidwesen der Puristen. Diesen Paarungen entspringen meist gemischte Würfe, in denen sowohl Balinesen, Mandarine wie Überraschungskätzchen vorkommen. Diese «Varianten», die weder dem Standard der einen oder anderen Katze entsprechen, erhalten trotzdem eine gültige Abstammungsurkunde, wie auch den erwünschten Körperbau. Sie sind Träger von potentiell nützlichen Genen für die Schaffung einer neuen Rasse und stellen ein gültiges Transitstadium dar; wenn sie auch nicht ausgestellt werden können, so werden sie doch zur Zucht verwendet. Die echten Mandarine werden eines Tages zahlreich genug sein, um systematisch untereinander gepaart zu werden, ohne daß sie Gefahr laufen, allzu eng miteinander verwandt zu sein. Die aus diesen Paarungen geborenen Kätzchen werden, mit wenigen Ausnahmen, alle Mandarine sein.

Pride et Freesia Casa Decano of la Draiecour, Balinese blau tabby und chocolate tabby, von Herrn und Frau Serge Ferenczi.

Gatz'Arts de la Draiecour,
Mandarin lavender mackerel tabby,
von Herrn und Frau Serge Ferenczi.

Siamesen und Orientalen

Zissi of Tontuta; Siamese chocolate point, von Herrn Jean-Louis Nicolet.

Siamesen und Orientalen

Beide Katzen sind elegant und erinnern im Profil ein wenig an den «rosaroten Panther», für den sie vielleicht Modell gestanden haben. Siamesen und Orientalen haben dieselbe Körperform, werden aber wegen ihrer Farbe in zwei Gruppen unterteilt.
Zuerst zu den Augen: diejenigen der Orientalen sind unweigerlich so grün wie diejenigen der Siamesen blau. Dann zur Fellfarbe: bei den Orientalen ist die Farbe – egal welche – gleichmäßig auf dem ganzen Körper verteilt, während die Siamese die charakteristischen Abzeichen, «Points» genannt, auf der Maske, den Pfoten, den Ohren und dem Schwanz aufweist. Mit der obli-

gatorischen Ausnahme: ist die Foreign White eine weiße Siamese oder eine blauäugige Orientale?
Siamese und Orientale sind mittelgroße Katzen, geschmeidig und gut, aber nicht übertrieben bemuskelt, mit langem, feinen Körper und ebensolchen Beinen und kleinen ovalen Pfoten. Ihr Schwanz ist sehr lang, fein und spitz zulaufend, ihr Hals schlank mit einem keilförmigen Kopf, der sich von der Nase an geradlinig erweitert (der Keil wird noch durch die großen, spitzen und an der Basis breiten Ohren verlängert). Die «pinch» genannten «hohlen Wangen» gelten als Fehler. Im Profil verlängert die lange,

Gengis Khan du Domaine Sacré, Siamese foreign white, von Frau Christiane Merckx.

gerade Nase die leicht gewölbte Stirn ohne jeglichen Stopp. Die mandelförmigen Augen sind leicht schräg eingesetzt, in perfekter Harmonie mit den Dreiecken der Nase, des Kopfes und der Ohren.
Ein kurzer Blick in alte Katzenzeitschriften zeigt uns, daß die Siamese der 70er Jahre weniger «spitzig» war, weniger geometrisch als die heutige, was nur beweist, daß auch das Aussehen der Katzen eine Modefrage ist und daß die Ästhetik bei der züchterischen Arbeit eine wichtige Rolle spielt.

Amadeus of the Sweet Cats, Siamese blau, von Frau Jacqueline Pierre.

Katzenkuss

Auf der Straße, in den Gärten oder im Wald kann eine Katze einer anderen über den Weg laufen und sie beschließen, sich nicht mehr zu ignorieren. Sie nähern sich und beschnüffeln einander, und mit diesem Eskimokuß Nase an Nase besiegeln sie einen kätzischen Freundschaftspakt. Wenn aber der Mensch es wagt, vor ihren Augen dasselbe zu tun, wenden sie sich entrüstet ab, als ob sie beleidigt wären. Verletzter Stolz, Schamgefühl oder Eifersucht? Nur die Katze kennt die Antwort darauf.

Amadeus of the Sweet Cats und Hugo de la Pergola, Siamese seal point, von Frau Jacqueline Pierre.

Siamese

«‹Heilige Katze! Katze aus Siam! Königliche Katze! ...› Das ist schnell gesagt. Danach ernährt man mich nur noch mit Reis und Fisch. Fisch ist eine gute Sache. Aber immer nur Fisch mit Reis, Reis und Fisch ... Glauben Sie, daß mein siamesischer Ursprung, vielleicht meine Religion, es mir untersagen, so zu essen wie jedermann? [...] Ein toter Vogel – beim bloßen Gedanken daran läuft einem der Speichel im Maul zusammen. [...] Ein schwarz-gelber, leicht riechender Salamander – das verjagt aus dem Geist den bleichen Fisch, den gespensterhaft weißen Reis.»

COLETTE, Autres bêtes

Hugo de la Pergola

Dieselbe

«Es ist wahr, ich habe Tauben, ein Perlhuhn, ein zartes Kaninchen gefressen [...] Ich wurde geschaffen, um alles, was beige, wildfarben oder bräunlich ist, zu jagen. Warum hätte mir ansonsten der Herr der Schöpfung ein Kleid gegeben, das die Farbe von Sand und reifem Laub aufweist? Verborgen bin ich jedoch nur, wenn ich meine flammend blauen Augen schließe. Öffne ich sie, fliegt alles davon [...]. Dieses kleine Volk ist nicht in der Lage, ein solches Blau zu ertragen.»

COLETTE, Autres Bêtes

Amadeus of the Sweet Cats

Verbotene Spiele

Prinzessin mit den azurblauen Augen und den wilden, futterbezogenen Träumen, sinniert Colettes Siamese auch über gefährlich perverse Spiele: «Mangels besserer Gelegenheit werde ich mich mit der einzigen Kreatur messen, die unter meinem Blick mit keiner Wimper zuckt und sich seit ihrem Fall über jedes Himmelblau aufregt, mit meiner Schwester, der Schlange.»

Oben. *Rokon of Off, Siamese lilac point, von Herrn Jacky Letourneau.*

Rechts. *Farouk de la Rouvière, Siamese chocolate tabby, von Herrn Louis Coste.*

Portrait

Katze, sanfte Katze, haarige Katze,
zärtliche Katze und pelzige Katze.
Ungezogenes Gör und krallen-
bewehrte Schelmin,
spitzige Katze und koboldhafte Katze.
Unfaßbare Schlangenkatze, ewige
Verführerin,
Katzenweib schließlich, das sich hin-
gibt
und wieder zurückzieht.

H'Isis du Domaine Sacré, Siamese seal tortie tabby, von Frau Christiane Merckx.

SYMBOLIK DER KATZE IN ÄGYPTEN

Bastet, die Katzengöttin des alten Ägypten, in Zusammenhang gebracht mit der befruchtenden Wärme, war die Gegenspielerin ihrer Schwester Sekhmet, der für Krieg und zerstörerisches Feuer zuständigen Wüstenlöwin. Aber Bastet war auch eine Spur Löwin, und die beiden Schwestern waren vielleicht die beiden Seiten derselben Medaille. Einer Legende zufolge soll der Sonnengott Ra, der sich vor Schlangen schützen wollte, den Affengott Thot ausgesandt haben, um Bastet aus Nubien herzuholen, wo sie sich unter den Zügen einer Löwin verbarg. Unterwegs badete sie im Nil und setzte ihren Weg nun als Katze bis nach Bubastis fort, der «Katzenstadt», die im Jahre 950 vor unserer Zeitrechnung zur hauptsächlichen Kultstätte der Göttin wurde. Bastet galt als Beschützerin der Mutterschaft, der Kindheit und schließlich der gesamten ägyptischen Bevölkerung, aber auch als «Dame des Schreins, eingeweiht in die Mysterien des Atum», also Beschützerin der Sonne und des Lebens, da dieser Schrein derselbe war wie jener, in dem Osiris von seinen Feinden in den Nil geworfen wurde. Atum seinerseits galt als die «Licht-Katze» oder der «Große Kater», der jede Nacht die bösartige Schlange Apophis köpfen mußte, die Ras Barke während ihrer Durchfahrt durch die Unterwelt gefährdete. Im Ägypten der Pharaonen wurde die Katze somit in Zusammenhang gebracht mit dem Zyklus der Wiedergeburten. Im *Totenbuch* wird sie direkt verbunden mit der Geburt von Osiris, dem Sonnensymbol desselben Zyklus. Der Sohn der Nuth, Göttin des ersten Himmels, drückt sich wie folgt aus: «Aus der Katze geboren bin ich Meister, als Sohn der Katze der Doppelführer, der für seine Mutter ewig derjenige bleiben wird, der von der Katze gerettet wurde.»

Enki de l'Ile des Ravageurs, Oriental brown spotted tabby, von Frau Liliane Lesongeur.

Die Katze von Baudelaire

«**S**ie ist der vertraute Ortsgeist, sie richtet, herrscht über und inspiriert jegliche Sache in ihrem Imperium; ist sie womöglich eine Fee, eine Göttin?»

CHARLES BAUDELAIRE,
Les Fleurs du Mal

Gaodi de la Rouvière, Oriental lavender, von Herrn Louis Coste.

Schwarzer Dämon

«Ich bin der Teufel. Der Wahrhaftige. Niemand soll dies bezweifeln. Man braucht mich ja nur anzuschauen. Tun Sie dies, wenn Sie es wagen! Ich bin schwarz, ein von den Fegfeuern versengtes Schwarz. Die giftgrünen Augen [...] Ich trage Hörner [...] und Krallen, Krallen, Krallen. Wieviele? Ich weiß es nicht. Hunderttausend vielleicht [...] Und hüten Sie sich davor, sollte ich heute nacht allzu laut singen, die Nase zum Fenster herauszustrecken: mein Anblick auf dem Dachgiebel, schwarze Silhouette vor dem Mond, könnte tödlich für Sie sein! ...» So war Poum, Colettes Katze.

Die schwarze Katze ist beängstigend: als mittelalterliche Inkarnation des Dämons bringt sie heute noch Unglück in unseren Ländern, die wir zivilisiert nennen. Aberglaube hat ein zähes Leben. Im Jahre 1727, als unser schönes Europa bezüglich der Katze noch in Dunkelheit verharrte, wagte Moncrif mutig den Versuch einer frühzeitigen und eigenartigen Rehabilitierung der Ungeliebten: «Die schwarzen Katzen sind diejenigen, mit denen die Natur immer am meisten geizte; sie scheint uns solche ab und zu vorzuweisen, wie um uns zu beweisen, daß sie das Geheimnis ihrer Erschaffung beherrscht [...] Zwar schadet die schwarze Farbe der Katze ihr in den Augen primitiver Menschen schwer; sie läßt das Feuer ihrer Augen besser hervortreten, was genügt, um der Katze zumindest magische Kräfte zuzutrauen. Dafür zeichnet derselbe Aspekt, gepaart mit ihrem charmanten Benehmen, für Leute mit gesundem Menschenverstand ein naives Bild jener aus Afrika gekommenen Völker, denen der dunkle Teint ein wildes Aussehen verlieh, und die, obwohl sie über Spanien herrschten, dieses Land nur zu dem Zweck erobert zu haben schienen, ihm Höflichkeit und Galanterie zu vermitteln.» Ein Opfer von Rassismus, die schwarze Katze? Wer weiß ...

Oben. *Hermès de la Malvoisine, Oriental ebony, von Herrn Alain Gilman.*
Rechts. *Gavroche de la Clère, Oriental chocolate, von Frau Patrick Geslot.*

CONCEPT

Orientalin

«**U**m die Katze zu verstehen, muß man weiblicher und dichterischer Natur sein» – dies behauptet zumindest Champfleury. Um aber dieses zarte, orientalische Wesen mit dem schlangengleichen Schwanz zu begreifen, muß man vielleicht Prophet sein und, wie Mohammed, sich den Ärmel seines Kleides abschneiden, um den Schlaf der Katze – oder ihre seltsame Meditation – nicht zu stören.

Fifty-Fifty de Sophisticats, Oriental bicolor schwarz-weiß, von Frau Chantal Dornat (oben) und Hillou des Albatres, Oriental crème tabby, von Fräulein Elisabeth Contet.

Rebellin

Beim Nackenfell gepackte, gezähmte Katze, Trophäen-Katze! Auf ihrem Sockel einer ägyptischen Statue rebelliert sie und schreit ihr Empörung: «Habt Ihr Sekhmet, die Löwin, gesehen? Habt Ihr sie aus Langeweile gähnen sehen? Nachts, bei aufsteigendem Mond, im Februar, heulen hören?»

*Dandy de la Romandière (*oben*), Oriental blau tabby, und Harald des Albatres (*folgende Doppelseite*), Oriental red tabby, von Fräulein Elisabeth Contet.*

Rechts. *Dandy und Harald.*

Perser und Exotisch Kurzhaar

Irrtum

«Oh, welch hübsche Blume im Schaufenster! Ich meine nicht die kleinen Mohnblumen, sondern die untere Blume, die hell und dunkel gefleckte, samtene Blume mit den beiden glänzenden Tautropfen und den spitzigen, weißen Blütenblättern ... Ach so, ich habe mich geirrt: es ist keine Blume, es ist eine Katze.»

COLETTE, Autres Bêtes

Oben. *Geisha de la Lumière cendrée, Perser golden shaded, von Herrn und Frau Robert Bonnin.*

Rechts. *Gaspard de la Roizonne, Perser rot, von Frau Elisabeth Kassis.*

Perser und Exotisch Kurzhaar

Perser und Exotisch Kurzhaar haben denselben Körperbau, dieselbe Farbenvielfalt. In beiden Fällen müssen Augen, Nasenspiegel und Pfotenballen gewissen Kriterien genügen, um mit der Fellfarbe zu harmonieren. Nur die Haarart unterscheidet sie: die Perser haben ein langes, seidiges Fell und eine dichte, auf Brust und Schulter fallende Halskrause; die Exotisch Kurzhaar ist im Grunde genommen ein kurzhaariger Perser mit ebenso dichtem Fell und einem Körper, der leicht länger ist als jener der British Kurzhaar.
Beide sind groß oder mittelgroß, haben einen gedrungenen Körper, eine breite Brust, einen muskulösen Rücken und ebensolche Schultern. Die kräftigen und kurzen Beine enden in dicken runden Pfoten, die vorzugsweise Haarbüschel zwischen den Zehen aufweisen. Der beim Perser üppig behaarte und ebenfalls kurze Schwanz sollte jedoch im Verhältnis zur Körpergröße bleiben. Der breite runde Kopf mit großen, runden und klaren Augen verleiht diesen Katzen ein mondgesichtiges Aussehen. Die tief angesetzten und weit auseinanderstehenden Ohren sind klein, leicht gerundet und mit hübschen Haarbüscheln versehen. Die kleine und kurze Nase sollte nicht aufgeworfen sein, aber genau zwischen den Augen einen Stopp aufweisen. Die gewölbte Stirn, die gut entwickelten Backen und das kräftige Kinn sind weitere Merkmale dieser Katzen, deren Äußeres allgemein mit «Dichte» beschrieben werden kann. Nehmen wir zur Kenntnis, daß wenn der Ursprung schwarzer oder weißer «Perser» genannten Langhaarkatzen bis zurück ins 16. Jahrhundert verfolgt werden kann, das nicht der Fall ist für unsere heutigen Perser mit den fantastischen Farben, die seit vergangenem Jahrhundert von Züchtern aus Europa und Übersee je nach Moderichtung unter Einhaltung mehr oder minder strikter Zuchtkriterien entwickelt wurden.
Was die Exotisch Kurzhaar betrifft: exotisch ist sie nur dem Namen nach. Es handelt sich um eine vor relativ kurzer Zeit entwickelte Katzenrasse. Die international erst 1984 anerkannte Katze wurde in den 60er Jahren in den Vereinigten Staaten entwickelt. Man kreuzte zu diesem Zweck Perser mit amerikanischen und europäischen Kurzhaarkatzen.

Oben. *Gaia und Geisha de la Lumière cendrée, Perser golden shaded, von Herrn und Frau Robert Bonnin.*

Rechts. *Garfield del Adène, Perser red tabby, von Frau Danielle Espiau.*

Wie kann man Perser sein?

Die ersten langhaarigen, orientalischen Katzen, die anfangs des 17. Jahrhunderts in Europa eingeführt wurden, waren Angoras aus der Türkei. Im 18. Jahrhundert erschien die Angora aus Persien (Iran), mit dem dichteren Fell und der gedrungeneren Gestalt. Die Mischung dieser beiden Rassen und die anschließende Zuchtauswahl ergaben einen Typ, der dem unserer heutigen Perser mehr ähnelt, breit und massiv gebaut, mit kleinen Ohren, rundem Kopf, kurzer Schnauze und stumpfer Nase. Wenn dieser Typ noch je nach herrschender Modeströmung variiert, ist die Rasse bereits seit den ersten Katzenausstellungen, vor mehr als einem Jahrhundert, anerkannt.

Oben. *Sweet Mary dell'Ariette du Shah-Li, Perser brown tabby schwarz, von Frau Christiane Paillard.*

Rechts. *Lilian Buissant des Amorie, Perser chinchilla, von Herrn und Frau Robert Bonnin.*

Von Katzen und Rosen ...

Blau-crème, silberschattiert, goldschattiert, schildpattfarben, cameo, schwarz-rauchfarben – das Ohr träumt und das Auge staunt angesichts der unermeßlichen Farbenvielfalt der Perser. Einst konnte man in Kinderbüchern lesen, daß Gott, nachdem er die Welt erschaffen hatte, die Feen kommen ließ, um diese Welt farblich auszuschmücken. Im geheimen Laboratorium moderner Feen mit Namen Genetik und Katzenzucht arbeiten die Alchimisten unserer Tage mit neuen Farbpaletten und erschaffen Katzen, genau wie sie auch Rosen kreieren.

Hermione de la Brakelière,
Perser van blau-weiß-crème,
von Frau Caroline Bonafos.

Hatschi!

Die kleine Katze wird in der Mythologie oft mit dem Löwen in Verbindung gebracht. So erschuf die Mondfrau und Jägerin Artemis die Katze, um ihren Bruder, den Sonnengott, zu verhöhnen, der kurz zuvor den Löwen erfunden hatte. In seinen *Lettres persanes* berichtet Montesquieu von dieser islamischen Legende, die besagt, daß die Katze aus den Nüstern des Löwen geboren sei: auf der von Ratten heimgesuchten Arche schlug der von Gott inspirierte Noah den Löwen auf die Stirne. Das große Raubtier nieste alsgleich das erste Katzenpaar heraus, das die Arche vor den überzähligen Plaggeistern befreite.

H'Ormacif und Full-Ozass du Clos de Bagneux, Perser, von Frau Marie-José Tirard.

Atum

Seit jenen alten Zeiten, als die Lichtkatze Atum jede Nacht gegen die Schlange Apophis kämpfte, die die Sonnenbarke bedrohte, werden Katzen und Schlangen, die beiden Tiere, die gleichermaßen furchteinflößend sind, oft in einem Atemzug genannt und in dieselbe Verbindung gebracht, wobei es immer die Katze ist, die über die Schlange siegt – Freud hätte in dieser Angelegenheit sicher ein paar Bemerkungen auf Lager. In seinem Buch *Chat Noir Miroir des Songes* erzählt Robert de Laroche, daß eine seiner Katzen, nämlich die im Zeichen Löwen geborene, tatsächlich Schlangen jagte.

Luxux-Rattenfänger

Anfangs des 17. Jahrhunderts führte der Italiener Pietro della Valle die ersten langhaarigen türkischen Katzen, Vorläufer unserer Perser, ein. Dasselbe machte in Frankreich Nicolas Claude Fabri de Peiresc, Parlamentsmitglied von Aix. Dem Antiquar, Sammler, Astronomen und Naturalisten, diesem wachen Geist, dem die europäischen Katzen nicht gefielen, ist es weitgehend zu verdanken, daß die Rasse dieser «schönen Katze aus Ancyre oder Angury» entwickelt wurde. Er schenkte sie hochgestellten Persönlichkeiten oder tauschte sie gegen Wertgegenstände ein, aber unterließ es nie, sich nach ihrem weiteren Wohlergehen zu erkundigen. Außerdem stellte er ein ausgeklügeltes Zuchtprogramm auf, um die Vermischung der Rassen auszuschließen. Trotz ihres luxuriösen Aussehens waren diese Katzen immer noch gute Rattenfängerinnen, wie dies ein handschriftlicher Brief Fabris an den Sammler Borelli, datiert vom 31. Januar 1631, bezeugt: «Ich bin diesen Tieren, die meine Bücher von den ständigen Angriffen der Ratten gerettet haben, zu großem Dank verpflichtet.»

Stardust dell'Ariette du Shah-Li,
Perser schildpatt,
von Frau Christiane Paillard.

Colettes «Shah»

«Es handelt sich wahrhaftig um eine persische Shah, und man sieht auf den ersten Blick, daß sie nicht von hier stammt. Sie wächst sehr schnell, allerdings mehr in die Breite als in die Höhe, ist kurzbeinig, wendig und weich, mit einer Fahne als Schwanz, der genau so lang ist wie sie, tiefen Ohren, einer samtenen Nase [...]. Gewisse musikalische Klänge, gewisse heimtückische Geräusche, kaum hörbar, versetzen sie in helle Aufregung und ihr gesamtes Fell sträubt sich, unterteilt sich in Nervenbündeln [...]. Sie ist durch und durch von orientalischem Aberglauben imprägniert: zwei zur Gabel ausgestreckte Finger genügen, um sie zu verunsichern [...]. Eine sehr manierierte Shah, sozusagen. Eine Haremsprinzessin, die nicht von Flucht träumt. Eine sehr weibliche Shah, aufreizend, prüde, die sich mit ihrer täglich zunehmenden Schönheit beschäftigt. Hat es je eine wunderbarere Shah gegeben?» Doch anläßlich ihres ersten Ausflugs ins Grüne verschwindet die Shah plötzlich. Was wird aus dieser Kreatur werden, die es gewohnt war, aus chinesischem Porzellan zu speisen? Überall sucht man sie, vom Keller bis zum Dachboden, im Wald und auf dem Felde, in den Felsen und auf dem Grund des Ziehbrunnens. Man ist voller Verzweiflung – Shah ist unauffindbar. Und man kehrt nach Hause zurück, um sich auszuweinen, als man in einer Wegbiegung staunend vor dem unglaublichen Bild stehenbleibt: «Inmitten eines Kreises von frühstückenden Arbeitern, zwischen schlammverkrusteten Stiefeln, lehmigen Übergewändern und verfärbten Kleidern, literweise umgeben von Most und billigem Wein, zwischen öligen Papieren und stumpfen Tischmessern mit hölzernen Griffen saß lächelnd und völlig entspannt, mit hocherhobenem Schwanz und sichelförmig herabhängendem Schnauzbart, trotz ohrenbetäubenden Flüchen und Gelächter, Shah, die göttliche Shah, vollgestopft mit Käserinde, ranzigem Speck und Wursthäuten, wohlig schnurrend, ihre Standarte im Kreis vorstellend, um den Maurern zu imponieren.»
COLETTE, La Paix chez les bêtes

Colombine de la Brakelière, Perser bicolor schwarz und weiß, von Frau Yvette Framinet.

Der wissenschaftliche Name der Katze

Unsere *Felis Cattus,* alias *Domesticus,* hat schon eine Menge wissenschaftlicher Namen erhalten und sich sogar denjenigen anderer Arten geliehen. Von den Autoren des Altertums mit den wie sie rattefressenden Frettchen, Mardern und Wieseln verwechselt, wurde die Katze von den Schreibern des Mittelalters *musio, muriceps, musipulus* oder *murilegus* genannt; d.h. sie erhielt Namen, die alle auf ihre Beute, *mus,* die Maus, hinweisen. Im 4. Jahrhundert erschien erstmals, im *Traité d'agronomie* von Palladius, das Wort *cattus,* das Isidore de Séville als vulgär bezeichnete. Diese Bezeichnung stammte aus dem Volkslatein, setzte sich durch und gab der Katze in allen europäischen Sprachen ihren Namen: *cat, Katze, kot, gatto, chat* ... Wie der geheime Name der Katze ist der Ursprung von *cattus* für die Wissenschaftler schleierhaft: stammt die Bezeichnung vom lateinischen *captare* (fangen, nehmen) oder *cattare* (einen durchdringenden Blick haben), von *catus* (umsichtig) oder *catulus* (kleiner Hund)? Stammt sie nicht vielmehr von einer afrikanischen Wurzel, vom nubischen *kadis,* dem berberischen *kadiska,* dem syrischen *quato* oder dem arabischen *gitt,* die allesamt «Katze» bedeuten? Andere behaupten auch, daß diese *cattus* Afrika kolonialisiert habe. Dieses hehre Problem wird die Wissenschaft, die sich nicht dazu aufraffen kann, eine Katze ganz einfach Katze zu nennen, doch einmal aus dem Sack lassen müssen.

Vorausgehende Doppelseite und oben. *Gina de la Brakelière, Perser blau-weiß-crème, von Frau Sylviane Bourgois.*

Rechts. *Geisha de la Brakelière, Perser harlekin schildpatt und weiß, von Herrn und Frau Nicolas Georgeault.*

Oben und links. *Hercule de la Brakelière, Perser Van schwarz-weiß, von Frau Catherine Fromal.*

Rechts. *Fedora de la Brakelière, Perser schildpatt und weiß, von Frau Sylviane Bourgois.*

Von Phobien und «Philien»

In der klinischen Fachsprache bedeutet «Ailurophobie» die pathologische Angst vor Katzen, die früher feine Damen der Gesellschaft beim bloßen Anblick der kleinsten Mieze reihenweise in Ohnmacht fallen ließ; sie ist heute noch ziemlich häufig. Im Gegensatz dazu verdanken wir der «Ailurophilie» alle schönen Katzenporträts dieses Buchs. Bezeichneten die pragmatischen Wissenschaftler des Mittelalters die Katze noch mit Bezug auf ihre Funktion als Mäusejägerin, so hatten sie die fantasievolleren alten Griechen *ailuros* getauft: die, die den Schwanz bewegt.

Harmonie de l'Arc-en-Ciel, Perser van rot-weiß, von Frau Catherine Fromal.

Den Schwanz bewegen

Der Schwanz, der der Katze zum besseren Gleichgewicht verhilft, ist ein physischer Balancestab. Ist eine Tür vor strömendem Regen offen, wird wild mit dem Schwanz gepeitscht, der jetzt zum psychischen Balancestab für das Tier wird, das eine Konfliktsituation lösen muß. Sobald sie akzeptiert, daß sie entweder klatschnaß werden wird oder auf den Ausgang verzichten muß, beruhigt sich der Schwanz. Es sieht dann ganz so aus, als ob ein gewünschtes Verhalten, das durch ein unerwartetes Hindernis gehemmt wird, die Katze gelähmt und die verhinderte Bewegung ganz dem Schwanz delegiert habe. Welch schöne Weisheitslektion, diese magische Aktivität, die den Frust abbaut und erlaubt, sich in aller Ruhe zu entscheiden!

Kulinarische Kunst

«Einige Köchinnen haben die Gewohnheit, zum Frühstück mit einem Messer Butterröllchen herzustellen. Wenn sie weiche Butter in der Nähe der Katzen stehen lassen, machen letztere die Arbeit viel besser als die Köchinnen. Ihre rauhe Zunge zeichnet auf der Butter wunderhübsche Blumen.» CHAMPFLEURY

Gamila de la Villouyère, genannt Cannelle, Perser silver tortie tabby, von Frau Françoise Vigneron.

Ernährung

«Die Katze frißt ungefähr alles, was auch wir essen, und außerdem noch ein paar Dinge mehr, die uns nicht munden [...]. Zum Glück wissen die meisten Katzenhalter, wie wichtig eine ausgewogene Ernährung für die Gesundheit und das psychische Wohlergehen der Katze ist. Sie verfüttern ihr demnach, neben den Grundnahrungsmitteln, wichtige Nährstoffe wie Spargel, Käse, Hummer, Vollkornbrot, Teigwaren und Erdbeertörtchen. Die Katze weiß am besten, was ihr guttut, und manchmal vervollständigt sie ihr Menü, indem sie es mit Zimmerpflanzen, Goldfischen, Kanarienvögeln, Zigaretten und Zigarren,

Bleistiften, Zahnpasta, Tapeten und schmutzigen Socken ergänzt.»
Diese eigenwillige Analyse der Freßgewohnheiten der Katze – die von Stephen Baker in die der Wissenschaft unbekannte Kategorie der «Multi-Omnivoren» eingestuft wird – ist von der Realität gar nicht so weit entfernt. Eine gewisse Mieze aus meinem Freundeskreis hatte eine Leidenschaft für Sauergurken nach russischer Art und ähnlich ausgefallene Sachen, und sie pflegte sie mit einer solchen Vehemenz zu verlangen, daß die Kleider – und die Oberschenkel – ihrer Halter meist stark darunter litten. Könnte es sein, daß diese normalerweise fleischfressende Jägerin durch ihren Kontakt zum Menschen verdorben worden ist? Nein, denn ihre Neugierde und ihr Abscheu vor dem Verbotenen sind für sie genau so natürlich wie die Jagd.

Eurydice Tresor de Bast,
Perser colorpoint,
von Frau Dominique Guérinaud.

Villanelle de Cendrillon

«Einige kommen als Hund zur Welt, andere als Katze. Ich bin als Katze geboren und nicht als kleiner Hund. Ich warte auf den Moment, die Maus zu fangen.»

La Gatta Cenerentola,
ROBERTO DE SIMONA
(Originalsprache
Neapolitanisch)

Die Katze heiratet

Die weiße Katze aus Madame d'Aulnoys Märchen, eine unglückliche, von bösen Feen mitsamt ihrem Haushalt verwunschene Prinzessin, wird nur erlöst werden, indem sie den Prinzen heiratet, der sie bereits als Katze liebte. Der Exorzismus ist jedoch brutal und vorsichtig: um sie wieder zur Frau werden zu lassen, muß der traurige Liebhaber der Katze Kopf und Schwanz abschneiden und sie ins Feuer werfen. Die Aufgabe ist unmenschlich, und man versteht sein Zögern. Zu guter Letzt entschließt er sich jedoch dazu und hat es nicht zu bereuen. Dies ist leider nicht der Fall bei La Fontaines Mann, der ebenfalls seine Katze zur Frau erhielt: die Schöne blieb für immer und ewig Katze. Noch in der Hochzeitsnacht unterbrach sie plötzlich das Liebesspiel, um eine Maus zu jagen, die zufällig vorbeikam. Der gute Mann hätte vielleicht besser wie im Märchen das «Tierische» seiner Katze verbrannt. Die Tradition lehrt uns, daß, wenn die Frau eine Katze ist, der Mann zur Maus wird. Die nach einer Fabel von Äsop geschriebene Geschichte von der Katze, die in eine Frau verwandelt wurde, kam 1927 als Tanzspiel, mit einer Musik von Henri Sauguet, auf die Bühnen von Monte Carlo und Paris für die Saison von Serge Diaghilews russischem Ballett, und sie machte den Tänzer Serge Lifar berühmt.

Houpette und Geisha de la Charmeraie, weiße Perser, von Frau Lysiane Chavallard.

Die Katze, der Jäger und der Spargel

Unter seinen Zeitgenossen, die die Katze nicht liebten, kritisierte Champfleury vor allem die Jäger und insbesondere den großen Vogelfreund Toussenel, ein Anhänger der Doktrin von Charles Fourier. Jener faßt die Katze fürwahr nicht mit Samthandschuhen an: «Ich begegne nie einer streunenden Katze, ohne ihr die Ehre meiner Kugel zu erweisen. [...] Ich möchte allen meinen Kollegen in St. Hubert wärmstens ans Herz legen, dasselbe zu tun.» Das ist sicher eine Anstiftung zum Mord, aber man sollte auch wissen, daß die Zeitung *Journal d'Agriculture pratique* im 19. Jahrhundert die Katzen als gefährliche Wilderer hinstellte, die sich von Tausenden von Hasen, Kaninchen, Perlhühnern und Lerchen ernährten und erbarmungslose und perverse Feinde von allem, was unter der Sonne kriecht oder fliegt, seien. In diesem Blatt scheint die Katze als einziges Lebensziel den Wunsch zu haben, die Jäger um ihr Vergnügen und die Natur um ihre Schönheit zu bringen. Champfleury verteidigt aber die arme hungrige Landkatze, die nur jagt, weil sie sich ernähren muß, und die trotz der behaupteten Freßorgien von schier unglaublicher Magerkeit ist. Mehr noch als die Grausamkeit ist es die Dummheit, die unseren Schüler von Moncrif ärgert, und er beschuldigt Toussenel, er habe gegen die Katze nur lauter blödsinnige Vorwürfe, wie etwa ihre Liebe für Spargel, was ein Beweis ihres perversen Geschmacks sei. «Wenn man auf jeden, der Spargel liebt, Gewehrschüsse abschießen wollte, wäre Frankreich bald entvölkert. Die Katze liebt Grünzeug, das ihrer Hygiene zuträglich ist. [...] Diese Kräuter fehlen ihr in unseren Wohnungen, und ist es denn so erstaunlich, daß sie im Frühjahr wie ihre Meister Lust auf knackiges Gemüse hat? Das rechtfertigt wirklich keine Gewehrkugel.»

Vorausgehende Doppelseite und oben. *Hermès de la Salamandre d'Or, Perser colorpoint red point, von Herrn Robert Lubrano.*

Rechts. *Follow Me Ice Cube, Perser colorpoint red point, von Herrn Jean-Yves Ramel.*

Eigenartig, eigenartig ...

Die schwarze Katze, ein Dämon, eine Hexe, ein Symbol der Schuld in Edgar Poes Märchen, ein von Steinlen für Rudolphe Salis Kabarett von Montmartre entworfenes Aushängeschild mit gesträubtem Fell, gibt sich manchmal die größte Mühe, um ihrem zweifelhaften Ruf gerecht zu werden.

Als ich in London lebte, war ich von einer schwarzen Nachbarskatze adoptiert worden. Bei schönem Wetter kletterte sie durch das Fenster und ließ sich bei mir häuslich nieder. Eines Tages, als sie zusammengerollt auf meinem Bett schlief und ich mich anschickte, Verdis *Macbeth* zu hören, überraschte sie mich bereits nach den ersten Takten, indem sie die Ohren spitzte und sich dann erhob und unbeweglich sitzen blieb, wie eine ägyptische Statue. Sie verblieb so bis zum Schluß der Musik und warf mir einen ungeduldigen Blick zu, als ich die Platte wenden mußte. Als die Oper ausgeklungen war, legte sie sich wieder schlafen. Noch überraschender: seit jenem Tag tauchte die Katze jedesmal wie aus dem Nichts auf, sobald ich einen Ausschnitt aus dieser Oper hörte. Bei geschlossenem Fenster begehrte sie Einlaß, setzte sich wieder zwischen die Lautsprecher hin, unbeweglich und gerade wie eine ägyptische Statue, mit gespitzten Ohren. Unterbrach ich ihr Vergnügen, war sie beleidigt und wollte sofort hinausgehen. Ich frage mich heute noch, welche Beziehung zwischen diesem Werk und der Schwärze der Katze bestand.

Gigi du Chah Name, Perser schwarz, von Frau Elisabeth Kassis.

Die Katze und der Prophet

Man weiß, daß Mohammed, Prophet des Islam, seine Katze Muezza so hoch achtete, daß er eines Tages, als sie auf seinem Ärmel schlief und er aufstehen mußte, lieber sein Kleid zerschnitt als das ihm teure Tier zu wecken. Paradis de Moncrif erzählt auch, daß er, «von tiefstem Zutrauen für Abdorraham erfüllt, dies zeigen wollte, indem er ihm einen auffälligen Übernamen gab. Bei den Arabern war es üblich, daß man jemanden den Vater von etwas nannte, das in Verbindung stand mit seinem Benehmen oder seinen Talenten; unter den am meisten geliebten Eigenschaften Abdorrahams fand Mohammed, er könne keinen geeigneteren Übernamen finden als den, der sich auf die Liebe Abdorrahams zu einer Katze bezog, und er nannte ihn hinfort *Abuhareira,* d.h. der Vater der Katze.» Dazu der recht scharfsinnige Kommentar Moncrifs: «Während der ersten Schritte seines Aufschwungs überlegte Mohammed alles, was er tat, sehr genau; er war zu politisch gesinnt, um einen seiner Schüler, den er mit Autorität ausstatten wollte, als Vater der Katze zu bezeichnen, wenn dieses Tier bei den Arabern nicht höchstes Ansehen genossen hätte» – und er schloß richtigerweise daraus: «In Mekka und Medina wäre es zweifellos ein schlimmes Makel gewesen, hätte man den Übernamen ‹Vater der Schweine› tragen müssen, seit diese Tiere vom Alkoran verbannt worden waren.»

De Gazeau's Gicolin,
Perser tortie smoke,
von Frau Brigitte Pottier.

Kater

Wenn das Wesen der Katze weiblich ist, wie es Léonor Fini behauptet und wie es von mehreren Sprachen bestätigt wird, wenn ihre symbolischen Attribute durch alle Zeiten mit der Weiblichkeit verbunden sind, ist sie manchmal doch recht männlich, zum Beispiel als Teufel beim Hexensabbat oder wenn sie in der Gestalt des Atum nachts die Sonnenbarke beschützt. Der mythische Kater kann eine böse oder gute Macht darstellen. Manchmal ist er aber auch belustigend: Felix, Tom, Fritz, Sylvester oder Garfield, die modernen Katzen der heutigen Medien, sind alle eindeutig Kater. Heißt das, daß die Kätzin immer respektabel ist? Ja, außer wenn sie verliebt ist und Crazy Cat heißt.

Elodée Magique des Lys Blancs, Perser tortie silver blotched tabby, von Herrn Christian Maréchal und Frau Joelle Riche.

Beschmutzung!

Dame Katze, die außerordentlich auf ihre gepflegte kleine Persönlichkeit achtet, widmet einen wichtigen Teil der Zeit, die sie nicht mit Schlafen verbringt, ihrer Körperpflege. Sie ist äußerst empfindlich und es kommt oft vor, daß sie, wenn man sie überrascht, stört, ärgert oder beleidigt, plötzlich nichts Dringenderes mehr zu tun hat, als sich hektisch eine geheimnisvoll beschmutzte Vorderpfote zu säubern. Will sie sich damit von einer Kränkung reinwaschen?

Fall River des Lys Blancs, Perser black silver mackerel tabby, von Herrn Christian Maréchal und Frau Joelle Riche.

Feinde des Geistes

«Die Katze galt lange Zeit als ein teuflisches Wesen. Sie hatte ein nachdenkliches Naturell. Man machte aus ihr die Gefährtin der Hexen. Zusammen mit den Eulen und Waldkäuzen gehörte sie zu den Requisiten der Alchimisten.
Das Mittelalter, das Hexen und manchmal auch Wissenschaftler verbrannte, mußte zwangsläufig auch die Katzen verbrennen. Große Wut der Bestien gegen die Nachdenklichen.»

CHAMPFLEURY

Daddy des Pujols of Royal Lys,
Perser blau silver blotched tabby,
von Frau Marie-France Dendauw.

Gefährtin der Verhexungen

Im Kapitel der Katzenfeinde des Mittelalters verrät uns Champfleury, daß die Heilige Schrift, und insbesondere die Offenbarung, den Hund als Gefährten des Hexers nennen, während das Mittelalter die Katze den Hexen zugesellt. Und damals – erklärt er – verdrängte die Hexe den Hexer, weil das Weib durch ihre Kenntnis der Geheimnisse des Herzens ein natürliches Talent für Verzauberungen besitzt. Da fliegt sie also durch die Lüfte und heckt Zaubereien aus, und ihre Attribute sind ihre Katze und ihr Besen, beides alltägliche Dinge aus dem häuslichen Leben.

Doum-Doum du Pré du Curé, Perser blau-crème, von Frau Nicole Richefort-Tsango.

Opfer

Als Opferlamm wegen Hexerei verbrannt oder als Symbol des Bösen am Aschermittwoch lebendig von den Höhen von Ypres hinuntergestürzt, war die Katze auch ein oft verwendetes Tier bei Ritualopfern des Mittelalters und bis ins 19. Jahrhundert. Am Winterende, anläßlich des Karnevals und bei der Sommersonnenwende, der Johannisfeier, zündete man überall in Europa große Scheiterhaufen an und verbrannte Katzen, um sich gute Ernten zu sichern. Auf dem Pariser Grève-Platz zündete der König Frankreichs höchstpersönlich das Johannisfeuer an, wo jedes Jahr ein Faß voller Katzen verbrannt wurde. Der zukünftige König Ludwig XIII. soll entsetzt gewesen sein und seinen Vater Heinrich IV. gebeten haben, auf diesen Brauch zu verzichten, der schließlich von König Ludwig XIV. abgeschafft wurde. Auf dem Lande wurde die Katze als Symbol des Weizen noch auf dem Dreschplatz zu Tode gepflegelt oder nach der Ernte zwischen zwei Saatfurchen begraben. Außer diesen mit den Agrarzyklen verbundenen Opferungen kannte man auch die Grundsteinrituale, bei denen eine lebendige Katze in den Grundstein eines Neubaus eingemauert wurde, um ihm deren Eigenschaften – Harmonie der Formen und Widerstandskraft – zu gewähren; bei Privathäusern sollte die manchmal zusammen mit einer Ratte unter der Türschwelle begrabene Katze den Hof von Nagetieren freihalten. Katzenmumien, die in allerlei Bauten, sogar in Kirchen, gefunden wurden, beweisen, wie stark diese Unsitten verbreitet waren.. Es ist erstaunlich, daß das hexenfeindliche Christentum solche vom alten Heidentum und seinen schwarzen Jungfrauen – den ehemaligen Mutter- und Fruchtbarkeitsgöttinnen – übernommene Bräuche geduldet hat.

Grain de Sable des Embruns, Perser crème, von Frau Bernadette Haule.

«Hände nahmen mich, rieben mich, als wäre ich eine Seife auf dem Bauch, auf einer Wange. Ich war pelzig. Ihnen tat es gut, dieses Reiben. Mir übrigens auch.»

REMO FORLANI, *Gouttière*

GESTÄNDNIS

Ich bin entlarvt – ich, Autorin dieser Seiten, ertappt bei meiner kätzischen Annäherung an diesen schönen, männlichen Perser, den ich nicht kannte. So lange ich mich erinnern kann, habe ich Katzen immer geliebt. Alle Katzen, von der gepflegten Aristokratie auf dem Samtkissen bis zum schlimmsten Straßenkater mit zerschlissenen Ohren und vernarbtem Gesicht. Sooft ich eine Katze erblicke, muß ich mit ihr sprechen. Ihr würdiges Aussehen zieht mich an, erobert mich und weckt in mir alsbald den übermächtigen Wunsch, von einer derart höherstehenden Spezies erkannt und akzeptiert zu werden.
Zuerst habe ich sie ihres Fells wegen geliebt. Als Kind pflegte ich mich, Nase voran, in den Nerzmantel einer Nachbarin zu stürzen, die dies charmant fand. Da können Sie sich vorstellen, welchen Eindruck eine Katze auf mich machen mußte, mit ihrem lebendigen Fell, das lauwarm nach Sauberkeit roch, das sich dehnt und glücklich schnurrt, wenn man es streichelt. Das sympathische Tier, das meine Lust teilte, war unvergleichlich besser als der weichste Mantel und der größte Teddybär. Außerdem spielte sie, wie ich, aber wegen der Krallen waren es gefährliche Spiele. Um Verletzungen zu entgehen, mußte ich lernen, aufzupassen, auf jedes noch so leichte Zittern der Haare achten, kätzischer als die Katze zu werden, um rechtzeitig die Finger vor der mörderischen Pfote zu retten. Eine kurze Unachtsamkeit, zuviele wiederholte Ärgernisse, und das Spiel endete mit Gewalt: die Katze umklammerte meine Hand, kratzte mit allen vier Pfoten, biß manchmal, und nach verrauchter Wut versöhnte man sich mit einer Schmuserei.
Welches Wunder an Dualität, das aus der Katze eine perfekte kleine Tötungsmaschine macht, verborgen unter einer sinnlichen Samthülle! Soll ich es eingestehen? Mein schönster Traum wäre, in der Natur einen großen sibirischen Tiger als Freund zu haben – besser noch, selber einer zu sein. Aber die Wirklichkeit zwingt uns, unsere Träume zurückzuschrauben, und ich begnüge mich damit, Katzen zu lieben.

Guizmo de Pomone,
Perser colorpoint,
von Herrn Jean-Yves Ramel.

«In der Nacht kommen die samtweichen Katzen heraus,
Eine Samtweiche kommt heraus, alle kommen heraus:
Wenn der samtweiche Mond scheint,
Gehen alle Samtweichen zum samtweichen Ball.»
T. S. ELIOT

Der eingebildete Ball

Schwarze Perserdame mit weißer Halskrause, Ballkätzchen, das von der Natur geschmückt worden ist, um ein lebendiges Ornament des Karnevals von Venedig zu sein – niemals wird ein Künstler in der Lage sein, deine Maske nachzuahmen. Laßt uns träumen, daß auch wir durch unbekannte Stimmen eingeladen wurden, in der Gondel Platz zu nehmen, die uns durch den Dunst der Kanäle bis zu jenem geisterhaften Palazzo führen wird, auf halbem Wege zwischen einem vergessenen Jahrhundert und dem Schloß der weißen Katze. Wir werden am rituellen Ball der Katzen teilnehmen und während einer geheimnisvollen, von der Dogin Esclarimonde geleiteten Zeremonie den Mondsee erscheinen sehen. Der Führer, der die Geschichte erfunden hat, heißt Robert de Laroche: «In den bewegten Falten des Stoffes, auf dem Esclarimonde saß, erblickte ich die Odyssee der Katzen quer durch die Jahrhunderte. Doch inmitten so zahlreicher Bilder, die auf immer und ewig in meinem Gedächtnis verbleiben, liebe ich vor allem das, das mir die Katzen zeigte, die gruppenweise und im gestreckten Lauf nachts dem Mond entgegenliefen. Freiheitstrunkene Katzen, springend, kurz auf den Strahlen des Gestirns innehaltend, um aus ihrem weichen Fell den Sternenstaub zu schütteln, der im Fallen wie Silber glänzte ... Fast unmerklich empfundene Beruhigung vor der Schönheit der schwarzen Katzen des Mondes, die an reinen Quellen meditieren, außerhalb der Zeit, so fern – perfekte Katzen, ruhig, unberührbar, würdevoll und stolz ...» Im Morgengrauen verblaßt der Zauber; in der Nähe der Kirche von San Zaccaria füttert die fast hundertjährige Marietta die wirklichen Katzen des Quartiers, dann betet sie am Fuße der Heiligen Jungfrau, bückt sich und küßt den Fußboden mit katzengleicher Geschmeidigkeit und Anmut. Der Vorhang reißt; sie ist Esclarimonde, die Hohepriesterin eines vergessenen Mondkults.

Hursonne de Gremichka, Perser black smoke, von Frau Jeanine Perdriol.

Die Katze hat ihre Gründe

T. S. Eliots Rum-Tum-Tugger könnte wohl eine Verkörperung des «unerklärlichen, universellen Widerspruchsgeists» der Sufi sein. Wir kennen sie ja alle, diese Katze, die nach Fisch verlangt, wenn man ihr Hähnchen anbietet, die verächtlich die Pfote schüttelt, will man ihr Sahne geben, deren Geschmack ihr nur zusagt, wenn sie sie stibitzen konnte; die Katze, die den ganzen Sommer überhaupt keine Lust verspürt, sich in Feld und Wiese zu tummeln, die aber, sobald sie wieder in der Wohnung ist, nur noch den Wunsch hat, zu entfliehen. Wenn aber diese undankbare Persönlichkeit sich immer «auf der falschen Türseite» befindet, hat sie dafür vielleicht ihre guten Gründe. So Petronius der Weise, eine von Robert Heinlein in *Une Porte sur l'été* erfundene Science-fiction-Katze: «Während seiner Kindheit als Kätzchen, als er noch bloß ein hüpfendes, flaumiges Bündel war, hatte sich Pete eine ganz persönliche Philosophie zurechtgeschneidert: ich war für die Wohnung, das Essen und das Wetter zuständig, er für den Rest. [. . .] In jenem Winter warf Pete regelmäßig einen Blick auf seine Katzentüre, weigerte sich jedoch standhaft, eine Pfote auf den mit dieser unangenehmen weißen Schicht bedeckten Weg zu setzen und setzte mir zu, bis ich ihm eine Haustür öffnete. Er war absolut sicher, daß zumindest eine davon sich vor einem strahlend blauen Himmel und vor dem Sommer öffnen würde. Ich mußte also jedesmal alle elf Türen öffnen und ihm zeigen, daß es überall Winter war, während seine Kritik meiner fehlerhaften Organisation bei jeder neuen Tür in ein lauteres Crescendo überging.» Pete, der Kater, ging dann hinaus und «wenn er zurückkam, warf er mir einen vernichtenden Blick zu und weigerte sich, zu schnurren, bevor nicht alles getrocknet und beleckt worden war. Erst dann war er bereit, mir zu verzeihen ... bis zu seinem nächsten Ausflug. Nie aber gab er seine Suche nach der Sommerpforte auf».

Oben. *Foggy des Haudières, Blauperser, von Frau Catherine Fromal.*

Rechts und folgende Doppelseite. *Génaro de la Ronceraie Desravine, Blauperser, von Herrn Gérard Beroud.*

Schriftstellerkatze

Colette hatte zahlreiche Katzen, von denen sie erzählte; Freund Cocteau sprach zwar nicht davon, liebte sie jedoch. Baudelaire widmete ihnen eine krankhafte Leidenschaft und Léautaud nahm die Vergessenen auf, fütterte sie, fand ihnen Heime und kümmerte sich um deren Glück.
Montaigne und Du Bellay, Hugo, Chateaubriand und Théophile Gautier, Pierre Loti und noch viele andere waren katzenfreundliche Schriftsteller. Was aber treibt eigentlich die Katze auf dem Schreibtisch der Schriftsteller? Schreiben ist eine geheimnisvolle Arbeit, die in der Einsamkeit und im Schweigen verrichtet wird. Dem Alchimisten des Wortes bietet die Katze eine ruhige und stumme Gegenwart, die zum Nachdenken anregt, ihr tiefer und stiller Blick entführt den Gedanken auf die andere Seite des Spiegels. Das samtene Fell, der warme Körper lenken den Geist ab, der ansonsten völlig gespannt auf der Suche nach Worten ist. Das harmonische Schnurren befriedigt durch seine sanfte Vibration die gestörte Seele. Sich lecken, Spiele, freundliche Pfote, die auf dem Manuskript Abdrücke hinterläßt: die Katze ist für den Schriftsteller ein Leben ohne Sorgen, die reine Gegenwart eines Wesens, das er zum Schreiben verläßt. Durch das Band ihres Blicks stellt die Katze das gefährdete Gleichgewicht zwischen dem körperlichen und dem geistigen Leben wieder her.

Génaro de la Ronceraie Desravine.

Die Katze, das Kind und das Paradies

Einer schönen Legende zufolge soll der himmlische Vater, als er, verärgert über die Geschichte mit der Schlange und der verbotenen Frucht, Adam, Eva, ihren Sohn und alle Tiere aus dem Garten Eden verjagte, die schwärzeste Nacht über die Erde ausgebreitet haben. Im anschließenden Sturm verloren Menschen und Tiere für immer den Weg zurück ins Paradies. Als endlich der Tag graute, waren alle höchst betrübt, aber Gott verschloß sich ihrem Wehklagen. Jakob, Adams dritter Sohn, war noch trauriger als alle anderen und verzweifelte. Da kam die Katze zu ihm und hieß ihn seine Tränen trocknen, denn sie, die Katze, die im Dunkeln sieht, habe alles gesehen und würde ihn zum wundervollen Aufenthalt führen. Jacob versah sich also mit einem soliden Wanderstab und machte sich auf den Weg hinter der führenden Katze. Sie wanderten sehr lange, durchquerten Wüsten und waren mehrmals fast am Verhungern. Doch eines Tages schlug Jacobs Wanderstab aus und bedeckte sich mit bunten Blumen: sie waren am Ende ihrer Suche angelangt und die Tore des Paradieses waren da, vor ihren Augen. Der Engel des Lichts, der sie bewachte, hatte den Befehl erhalten, bis zum Jüngsten Tag keinen Sterblichen mehr einzulassen. Durch soviel Mut jedoch gerührt, erlaubte er dem Kind und der Katze, für die Dauer einer einzigen Stunde in den himmlischen Wohnsitz einzutreten und je eine Frucht zu essen, um die Kenntnis zu überliefern, auf daß auf Erden ein Kind und eine Katze in der Lage seien, den Weg zum Paradies wiederzufinden.

Trust of New World's Way Good-Love, Exotisch Kurzhaar tortie silver bloiched tabby, von Herrn und Frau Michel Sfez-Zon.

Ein amerikanischer Exot

Mit ihrer eigenartigen Silhouette und ihrem Mondgesicht mutet die Exotisch Kurzhaar zwar fast etwas außerirdisch an, aber es handelt sich um eine Perserkatze mit gerade eingesetztem, kurzem Haar. Sie tauchte in den Vereinigten Staaten auf, zuerst als «Variante» inmitten zweier unterschiedlicher Zuchtprogramme. Eine Zuchtlinie bezweckte die Verbesserung der Amerikanisch Kurzhaar mit Perserblut, die ander bemühte sich, durch Einkreuzung von Burmas bei den Persern die Farbe Chocolate einzuführen. Die heute allgemein anerkannte und 1960 homologierte Rasse folgt demselben morphologischen Standard wie die Perser.

Vorausgehende Doppelseite und rechts. *Phalaenopsis Emile Victor, Exotisch Kurzhaar red tabby, von Fräulein Christelle Ponthieu und Frau Claudine Naels.*

Oben. *Tasha Isatis of Follow Me, Exotisch Kurzhaar blue point und Hilary Tom Pouce Follow Me, Exotisch Kurzhaar creme point, von Herrn Régis Machin.*

Geheime Identität

Rote Katze, verschlossene Katze, Katze mit den Sorgenfalten – welche Gedanken verbergen sich hinter deinen geschlossenen Lidern? Wer bist du, Freibeuter mit dem stolzen Schnurrbart? Ich denke an einen schottischen Bauern in einem dunklen, mit Leder und Eichenholz geschmückten Pub, der nachdenklich vor seinem hellen Bier sein Pfeifchen raucht. Oder bist du die Katze von Cheshire, die verschwinden kann und nur ein schnauzbewehrtes Lächeln im Raum stehenläßt?

Schräge Bewegungen

«Die Katze ist ein treuloser Bediensteter, den man nur aus Notwendigkeit behält, um ihn einem anderen, noch unbequemeren häuslichen Feind, den man nicht vertreiben kann, entgegenzustellen [...] Obwohl diese Tiere insbesondere in ihrer Jugend durchaus freundlich sein können, haben sie einen bösartigen Kern, einen falschen Charakter, eine perverse Natur – Eigenschaften, die sich mit dem Alter noch verschlimmern und die durch die Erziehung bloß maskiert werden. Von entschlossenen Diebinnen werden sie, wenn sie gut erzogen sind, geschmeidig und durch einschmeichelnd wie kleine Ganoven; sie haben dieselbe Geschicklichkeit, dieselbe Raffinesse, denselben Hang zum Bösen und Drang zum Stibitzen; wie sie beherrscht sie die Kunst, ihre Spuren zu verwischen, ihre Absicht zu verbergen, Gelegenheiten abzupassen, zu warten und den richtigen Zeitpunkt zu wählen, um ihre Missetat auszuführen, sich danach der Strafe zu

entziehen, zu flüchten und fernzubleiben, bis man sie ruft. Sie nehmen die Gewohnheiten der Gesellschaft an, aber nie ihre Moral; es sieht nur so aus, als seien sie treu und anhänglich, man sieht es an ihren schrägen Bewegungen, an ihrem zweideutigen Blick; sie blicken der geliebten Person nie ins Gesicht; sie machen Umwege, sei es aus Mißtrauen oder Falschheit, um sich ihr zu nähern, um Streicheleien zu ergattern, die ihnen gefallen, weil sie ihr Lust bereiten.»

BUFFON,
Histoire naturelle, 1758

Tasha Isatis of Follow Me (LINKS) *und Hilary Tom Pouce of Follow Me* (OBEN).

«Eines war sicher, das weiße Kätzchen war vollkommen unschuldig an alldem – schuldig war nur das schwarze.»
LEWIS CARROLL, *Auf der anderen Seite des Spiegels*

Das Katzengold

Einst glaubte man, daß gewisse Katzen, vorzugsweise schwarze, die magische Macht besaßen, ihren Meistern Gold zu bringen. Sie wurden gut genährt und man band ihnen sogar einen Beutel um den Hals, um ihnen zu erlauben, nachts «ihren Pflichten nachzukommen». Dieser Glaube kostete viele Katzen, die nicht imstande waren, Golddukaten nach Hause zu bringen, das Leben. Seinetwegen wurden auch einige skrupellose Menschen von Gerichtshöfen verurteilt, weil sie diese unnützen «Goldkatzen» gegen teures Geld verkauft hatten.
Dieser Glaube an eine «Glückskatze» wird noch durch eine ganze Menge Legenden gestützt: der *Gestiefelte Kater*, von Charles Perrault, mit seinem falschen Marquis von Karabasso; jene des katalanischen Pierrots, dessen magischer Goldring mehrmals dank der List der Katze gerettet wird; die Geschichte von Dick Whittington, dem armen Kind, das Bürgermeister von London wurde, nachdem er dank seiner seefahrenden Katze reich geworden war, als sie ein Königreich von den Ratten gerettet hatte.
Alle diese und noch andere Fabeln haben denselben Ursprung, dieselbe fast universelle Tradition, wenn man bedenkt, daß auch Sufi und Buddhisten dem Mosaik ihr Steinchen hinzugefügt haben. Dieses Katzengold, von den primitiven Geistern falsch verstanden, war ein Einweihungsgold: nach dem immer gleichen Muster all jener Legenden findet der arme oder unglückliche Held sein Glück, sobald er alle Prüfungen bestanden hat, bei denen er seiner Katze immer mehr vertrauen muß. Unter der Führung der Katze erlangt er Weisheit und Reichtum, was nichts anderes ist als ein Symbol seiner Wandlung. Das Gold der Erkenntnis und der Wandlungen, das Katzengold, bringt uns zurück nach Ägypten, zu Bastet, der «Hüterin des Schreins», die die verschiedenen Wiedergeburten des Osiris überwacht. Denn man muß die Goldkatze nicht wörtlich nehmen, sondern mit ihr auf die andere Seite des Spiegels gelangen.

Gitane de Nid'Amour, Exotisch Kurzhaar blau-silber tabby, von Herrn und Frau Michel Sfez-Zon.

Die Katzen

Als letzter Vertreter unserer Rassekatzen verlangt dieses pausbäckige Plüschgesicht, daß wir das letzte Wort Esclarimonde überlassen, der Dogin von Venedig und Hohepriesterin der Katzen: «Beobachtet sie gut, Ihr, die ihnen entgegengeht [...] Was stellt Ihr fest? Daß die Katzen niemals häßlich sind oder vulgär oder niederträchtig oder verkommen. Ihre innere Schönheit wirft immer ihren Widerschein auf sie. Sogar im Alter sind sie der lebende Ausdruck der Schönheit und jede ihrer Bewegungen bleibt voller Anmut.»

Cake Becad Drambuie, Exotisch Kurzhaar blue mackerel tabby, von Herrn und Frau Michel Sfez-Zon.

Letzte Blicke

«Und Goldsplitter wie feiner Sand zeichnen unbestimmte Sterne in ihren mystischen Pupillen.»

CHARLES BAUDELAIRE

Faszination der Katzenaugen, dieser Augen, die nie blinzeln, die anziehen und beunruhigen, diese Augen, deren Pupille sich zu einer engen senkrechten Spalte zusammenzieht oder sich ungeheuer erweitert und mit ihren schwarzen Kreisen die farbige Iris verschlingt. Wenn die Betrachtung der Katze eine ästhetische Erfahrung ist, so gehört das Eintauchen in ihren Blick, der Blick in ihre Augen, zum Gebiet der Philosophie. Oder dem des Masochismus, je nachdem, denn die Angst ist nicht weit. Sogar der angefressenste Katzenliebhaber wird einem unbestimmten Angstgefühl, vermischt mit Respekt, nicht entgehen können. Ist diese Verunsicherung bloß eine dieser kätzischen Teufeleien? Zweifellos, denn wenn die Augen die Spiegel der Seele sind, widerspiegeln jene der Katze nichts außer einem stetigen Blick, unergründlich und bar jeder Rührung. Doch das unleserliche Auge ist nicht leer: es öffnet sich auf ein Jenseits, auf eine undurchsichtige, dichte Gegenwart. In den Blick einer Katze eintauchen bedeutet, dem eigensinnigen Anderen in seiner brutalsten Form zu begegnen, und man muß schon ein Weiser sein, um diese Prüfung mit Gelassenheit zu bestehen.

Durch das Auge dringen wir ins Zentrum des angeblichen «Geheimnisses der Katze», ein Geheimnis, das eigentlich gar nicht so geheimnisvoll ist. Diese Hausmieze, die man soeben ausgescholten hat, weil sie einmal mehr ihre Krallen am Sofa geschärft hat, nimmt, wie es sich ziemt, eine schuldbewußte Haltung ein. In ihren Augen findet sich jedoch nicht der Schatten eines Gewissensbisses. Wenn sie sich Zärtlichkeiten hingibt, schenkt sie keine verliebten Blikke: ihr ganzer Körper drückt ihre Lust aus, aber das Auge, sicher halb geschlossen, bleibt gleichgültig; eine Pfote wird ausgestreckt, die krallenbewehrten Zehen spreizen sich voller Wonne; die Katze dehnt sich, spricht durch ihre Gebärden und gibt dem Ausdruck seine ursprüngliche Bedeutung einer Bewegung nach außen zurück. Ob sie auf der Lauer liegt oder tötet, ob sie sich an der Sonne wärmt oder die Öffnung des Kühlschranks zum magischen Zeitpunkt des Essens beobachtet, ob sie in diebischer Absicht auf Ihren Teller schielt oder ob sie sich ihrer Körperpflege widmet – immer wirft die Katze auf ihre Umwelt einen objektiven Blick, der sich damit begnügt, zu sehen. Nur der Winkel ihres Kopfes, ihrer Ohren, ihrer Schnurrhaare, die Muskelspannung ihres Halses, Rücken oder Schwanzes verraten die Intensität ihrer Konzentration und die Absicht der kommenden Bewegung. Um die Katze zu verstehen, muß man jedoch ihren Körper lesen können: wie die vollkommene Zen-Seele ist ihr Auge ein Spiegel, der nichts widerspiegelt.

Zen die Katze? Mag sein. Einer buddhistischen Legende zufolge sollen, von all den Tieren, die sich beim Tode Buddhas versammelten, nur deren zwei ein trockenes Auge behalten haben: die Katze und die Schlange. Da tauchte eine Maus auf und fing an, das Öl der Totenlampe aufzulecken. Die Katze sprang auf und fraß sie auf. So entstanden, in bezug auf die Katze, zwei Denkrichtungen. Die eine schalt sie niederträchtig, gefühllos und mörderisch; die andere lobte sie als Weise, die befreit ist von der illusorischen Welt der Gefühle, bereit zu handeln, um ohne zu zögern das zu tun, was nötig ist. So zeichnet diese Legende ein doppeltes Bild von der Katze; sie ist entweder Engel oder Dämon, je nachdem, ob man sie liebt oder nicht, ob ihr Anderssein uns gefällt oder stört. Die Katze aber, die geht weiter auf ihrem Weg, mit hochgerecktem Schwanz und wachsamen Ohren, währenddem der Mensch Symbole verteilt und Mouchka la Mouche, an den leise vor sich hinsummenden Computer gelehnt, den Schlaf der Gerechten schläft, rosa Nase gegen weiße Pfote. Was kümmert sie all dies? Sie IST die Katze … und man muß schon ein Mensch sein, um sich für solchen Blödsinn zu interessieren.

Inhaltsverzeichnis

Heute wird die Katze nicht mehr verbrannt, und jene, die man in Ypres von den Felsen hinunterwirft, sind aus Plüsch. Man setzt die Tiere jedoch oft aus, wenn sie überflüssig geworden sind, denn man weiß, daß sie überleben werden. Abgemagert, krank, verängstigt aber lebend: das ist das beneidenswerte Leben der freien Straßenkatze, die, falls sie Glück hat, von einem Tierschutzverein aufgenommen wird.